财经知识读本

评说保险

胡冬鸣　田春丽　编著

中国财政经济出版社

图书在版编目（CIP）数据

评说保险／胡冬鸣，田春丽编著．—北京：中国财政经济出版社，2015.8

（财经知识读本）

ISBN 978－7－5095－6305－2

Ⅰ．①评…　Ⅱ．①胡…　②田…　Ⅲ．①保险－基本知识　Ⅳ．①F84

中国版本图书馆 CIP 数据核字（2015）第 161421 号

责任编辑：马　真　　　　责任校对：张　凡
封面设计：汪俊宇　　　　版式设计：董生萍
插　　图：周　荥

中国财政经济出版社 出版
URL：http：//www.cfeph.cn
E－mail：cfeph @ cfeph.cn

社址：北京市海淀区阜成路甲 28 号　邮政编码：100142
营销中心电话：88190406　北京财经书店电话：64033436　84041336
北京中兴印刷有限公司印刷　各地新华书店经销
880×1230 毫米　32 开　7.5 印张　117 000 字
2015 年 8 月第 1 版　2015 年 8 月北京第 1 次印刷
定价：28.00 元
ISBN 978－7－5095－6305－2/F・5082
（图书出现印装问题，本社负责调换）
本社质量投诉电话：010－88190744
打击盗版举报热线：010－88190492，QQ：634579818

财经知识读本编写委员会

策　　划：李　冰　胡冬鸣　刘　畅

编写人员：胡冬鸣　田春丽　王　静

写在前面的话

保险的本意是稳妥可靠，作为一种产品出现后延伸为一种保障机制。目前至少是规划人生财务的一种工具。当1384年意大利的比萨出现第一张保单后，现代保险制度应运而生。从经济角度看，保险是分摊意外事故损失的一种财务安排；从法律角度看，保险是一种合同行为，是一方同意补偿另一方损失的一种合同安排；从社会角度看，保险是社会经济保障制度的重要组成部分，是社会生产和社会生活精巧的稳定器；从风险管理角度看，保险是风险管理的一种方法。但在中国，目前人们的保险意识与世界上发达国家相比还是落后的。由于距离中国香港很近，广州算是比较开放的城市，人们的保险意识相对中国其他区域来说算是比较强的，但是据统计，广州人均投保率才有10%左右，也就是说平均每10个人才有1张保单。而中国香港平均每人拥有1张保单，美国平均每人拥有3张保单，日本平均每人拥有6张保单。中国人富了起来，“大款”

比比皆是，但目前买保险的国人并不多。在整顿保险市场秩序的同时，也应该清除保险骗人的观点。友邦保险有近 80 年的历史，在包括中国在内的 130 多个国家都有业务，实践证明它是靠诚实做生意。保险有着诚实的本质。其实从理财的角度看，当你急需用钱时保险起到了雪中送炭的作用，当你不急于用钱时它又起到锦上添花的作用。保险只是一种理财方式，不是投资行为，不能拿它与炒股和买基金的回报来对比。两位作者写这本小册子，主要是想对目前国内市场的主要保险产品做一些简单的介绍，同时向广大读者普及一些保险的基础知识。需要声明的是，我们对推销任何保险产品都不感兴趣，册子里的内容也没有这方面的安排。

作者写于融科香雪兰溪

2015 年 6 月

目　　录

1. 风雨人生路，“保险”很必要

保险的萌芽源于对风险损失的补偿机制。公元前1792年，古巴比伦第六代国王汉谟拉比时代，商业繁荣一时，为了对商业及保护商队的骡马和货物的损失进行补偿，在汉谟拉比法典中，制定了共同分摊补偿风险损失的条款。公元前916年，在地中海的罗德岛上，国王为了保证海上贸易的正常进行，制定了罗地安海商法，规定某位货主遭受的损失由包括船主、所有该船货物的货主在内的受益人共同分担。1384年，在意大利的比萨出现了世界上第一张保险单，现代保险制度由此诞生。其实在中国也有“天有不测风云，人有旦夕祸福”用来描述风险损失。人的一生中都会有生老病死，给自己未来的风险投一份“保险”，是每个人的需要。李嘉诚曾说过，别人都说我很富有，拥有很多的财富，其实真正属于我的个人财富是给自己和家人买了足够的人寿保险。富足如李嘉诚者尚且如此，何况是普通人呢。人生在世，谁也免不了遇到风险，谁也免不了遭遇损失。但如果有了保险这样一种产品，您只要投资很少的钱，就可以在风险损失发生时得到相应的补偿，那您还会有多少牵挂呢？还会担心有多少未尽的责任吗？还会顾虑有多少家人需要照顾吗？如果生前事前买了保险，在生活的道路上，您会一步一步走得更加安心与得意。

保险自出现以来，从最初的仅仅具有经济补偿功能和资金融通功能，发展到目前还具有社会管理功能。而如何认识保险功能是一项重大的实践问题，是对保险相关知识基本了解的最初表现。应该讲，经济补偿功能是基本的功能，也是保险区别于其他行业的最鲜明的特征。资金融通功能是在经济补偿功能的基础上发展起来的。社会管理功能是保险业发展到一定阶段并深入到社会生活诸多层面之后产生的一项重要功能，它只有在经济补偿功能和资金融通功能实现以后才能发挥作用。

风险无处不在。人的一生中生、老、病、死、残，除了养老的问题外，其他的风险您并不知道会在哪一天发生。小到意外的磕伤、碰伤、扭伤、烫伤、感冒发烧、急性阑尾炎切除手术，大到恶性肿

瘤、急性心肌梗死，还有很多您想不到的疾病住院。您到医院的住院部看看就知道因为什么原因住院的病人都有，他们有的动辄花上 10 万元、20 万元看病，有的可能小病花了大价钱。有句话说得很形象，“一人得了病，全家回到解放前”。但如果有了基本医疗保险和重大疾病保险，可能情形就不同了。您可以享受更好的医疗资源与住院保障。保险对于每个人甚至每个家庭的确是非常必要的，人人需要保险。在平时没有风险发生时保险全当储蓄，一旦有风险发生时，可以把风险转移到保险公司，高额的费用由保险公司帮着负担。保险不仅可以为您雪中送炭，锦上添花，而且如果您一生平安，什么意外也没有发生，那这笔储蓄的钱又可以作为自己未来的养老金，或者可以留给家人。保险既然如此两全其美，当然应该是人人都要有份儿了。

没有购买保险的家庭因不幸的发生，不但遭受失去亲人的痛苦，还承受着经济压力；而那些购买保险的家庭，尽管也遭受失去亲人的痛苦，却不会因此雪上加霜，因为有保险可以缓冲经济的压力。

氧气和水是每个人都需要的，但平时谁会珍惜它呢？只有在缺氧缺水时才会感到它的珍贵，保险的意义正是如此。保险是您生活中的灭火器，是您驾车远行时的备用胎，是您乘坐飞机时的降落伞，宁肯没用上却不可不准备。现实生活中不是人们不愿意买保险，而是因为有的人不了解保险，暂时没有买；有的人没有太多的收入，没有钱买；有的人已经买了，但不是很明白，所以买的不多；有的人买了很多，因为他了解保险对自己意味着什么；还有的人愿意办理保险，可惜他已经办理不成了。

保险在经济发展中起到非常重要的作用。保险通过赔偿被保险人的经济损失，帮助个人或机构在保险合同规定范围内的风险事故发生时避免经济危害。这种经济危害，对于个人来说，只是经济困难，但对于企业来说，就可能是破产。按照产业资本循环理论，产业资本存在货币资本、生产资本和商品资本三种形态；三种形态的资本在空间上同时并存，在时间上依次继起；产业资本要顺利循环，就要求三种形态的资本能够顺利地相互转化。保险发挥其经济补偿作用，可以保证三种形态的资本顺利地转化，不会因灾害事故造成产业资本循环的停滞或中断，从而有利于企业加速资金周转，提高经济效益，保持生产经营活动的连续和稳定。1998年6月，位于北京近郊的一家化工厂发生设备爆炸事故，损失惨重，由于购买了保险，在爆炸事故发生后获得保险公司赔款1.5亿多元。1998年8月，青海发生严重洪涝灾害，某水电站受损严重，由于购买了保险，在受损后获得保险公司赔款4000多万元。这些赔款及时弥补了企业的损失，使它们很快渡过难关，恢复了生产。2014年4月，家住北京的张先生由于生意失败欠了一屁股债，迫于生计压力的他不得不开上了出租车赚钱。为了尽快还上生意所欠的“饥荒”，张先生可谓是早出晚归。但是祸不单行，一天晚上，由于刹车措施不当而在路口处撞死一位行人，法院判其赔死者50万元。法庭的判决对于张先生的家庭来说简直是雪上加霜。正当全家一筹莫展时，出租车公司说当时他们给每辆出租车都上了61万元保额的车辆保险，因而靠车辆保险的赔款基本可以解决张先生的燃眉之急。

其实，保险的作用并非局限于经济补偿方面，保险的另一个重要作用是转移风险。通过购买保险，投保者将风险转移给保险公司。保险公司将风险承担下来，同时向投保者收取一定的保险费。这样，投保者可以花少量的钱就把风险转移出去了，解除了生活、生产等活动中的后顾之忧。例如，住房抵押贷款保险使发放住房抵押贷款的银行能维护其贷款的利益，这样，住房抵押贷款才能顺利地开展，房屋的开发商才能顺利地销售住房。又如，货物运输保险使出口商能保证对出口商品的经济利益，这样，出口商才能顺利地出口商品。保险发挥其转移风险的作用，促进了生产与贸易活动的发展和繁荣。

虽然投保的最终目标可能是一致的，但由于投保的主体不同，个人保险与团体保险在经营方式上存在着诸多的差别。

（1）风险选择的对象不同。对保险公司来说，个人保险的风险选择对象基于个人。出于公平对待保户、保证保险公司偿付能力的考虑，保险公司要对投保的个人及其风险状况作出小心谨慎的判断。比如需要考虑的因素有：年龄、性别、职业、健康状况、病史、居住地和财务状况等。由于个人的健康状况和家庭病史对保险公司决定是否承保起着至关重要的作用，保险公司通常会要求被保险人进行体检并由医疗机构开具体检报告书，以帮助保险公司作出承保决定。团体保险以团体的选择代替个人的选择，不需要团体成员体检或提供任何可保证明，保险公司就予以承保。它的风险控制手段主要是：投保单位的资格、被保险人是否是能够参加正常工作的在职人员，以及对投保者数和保险金额的限制。一般投保单位无权选择为哪些人投保或对哪些人不投保。另外，保险金额全部相同，或者保险公司依据被保险人的工资水平、职位、服务年限的不同，对每个被保险人确定不同的保险金额。

（2）承保的方式不同。个人保险采用一张独立的保单约定投保者和保险公司之间的权利和义务。投保单须填写投保者、被保险人的有关资料，以及关于受益人、保险金额、保费金额和缴付方式、签单日期等内容。保险条款则包括保险责任、责任免除等核心内容。在团体保险中，无论被保险人有多少，都只用一张总的保单提供保障证明，而给每个被保险人只发放一张保险凭证。总的保单与个人保单的内容相似，其中列明了所有被保险人的姓名、受益人的姓名、年龄、性别、保险金额等，在保险凭证中并不包括所有保险条款。

（3）保险合同内容的灵活性不同。个人保险合同充分体现了保险合同是附合合同这一特点，即保险公司事先拟定合同的主要内容，投保者只能表示同意或不同意。对于团体保险，特别是当投保单位是较大规模的团体时，投保者可以就保单条款的设计和保险内容的制定与保险公司进行协商。当然，团体保单也遵循一定的格式和包括一些特定的标准条款，但与个人保险合同相比具有明显的灵活性。

（4）成本与费率的计算方法不同。团体保险手续简单，免除体检，所以较个人保险更能节约保险公司的业务管理费用。此外，与个人寿险依据生命表制定费率不同，团体保险一般以上一年度团体的理赔记录或经验计算本年度费率，即采用经验费率法。

目前适合国内个人投保的产品主要有财产保险、人身保险、分红保险、投资连结保险与万能人寿保险。

财产保险是以各种物质财产为保险标的的保险，保险公司对物质财产或者物质财产利益的损失负赔偿责任。除了保险额比较大的房屋保险和室内财产保险外，车辆保险或称机动车辆保险，则是财产保险中大家都非常熟悉的一个险种。它是指对机动车辆由于自然灾害或意外事故所造成的人身伤亡或财产损失负赔偿责任的一种商业保险。汽车保险属于相对年轻的险种，是伴随着汽车的出现和普及而产生和发展的。与现代机动车辆保险不同的是，在汽车保险的初期是以汽车的第三者责任险为主险的，而目前已经逐步扩展到车身的碰撞损失、划痕以及涉水风险。

人身保险是以人的身体或者生命作为保险标的的保险，保险公司承担被保险人保险期间遭受到人身伤亡，或者保险期满被保险人伤亡或者生存时，给付保险金的责任。人身保险除了人寿保险外，还包括健康保险和人身意外伤害险。其中，人寿保险简称寿险，是一种以人的生死为保险对象的保险，是被保险人在保险责任期内生存或死亡，由保险公司根据契约规定给付保险金的一种保险。健康保险又称疾病保险，是保险公司对被保险人因疾病而支出的医疗费用，或者因疾病而丧失劳动能力，按照保险单的约定给付保险金的保险。

分红保险是指保险公司在每个会计年度结束后，将上一会计年度该类分红保险的可分配盈余，按一定的比例、以现金红利或增值红利的方式，分配给客户的一种人寿保险。

投资连结保险就是保险公司将收进来的资本（保费）除了提供给客户保险额度以外，还会去做基金标的连结让客户可以享受到投资获利。

万能人寿保险又称为万用人寿保险，是指可以任意支付保险费以及任意调整死亡保险金给付金额的人寿保险。

2.
谁最需要保险

保险的本意是稳妥可靠，后延伸为一种保障机制，是用来规划人生财务的一种工具。保险是市场经济条件下风险管理的基本手段，是金融体系和社会保障体系的重要组成部分。从保险业务的实践来看，保险是指投保者根据合同约定，向保险公司支付保险费，保险公司对于合同约定的可能发生的事故因其发生所造成的财产损失承担赔偿保险金责任，或者当被保险人死亡、伤残、疾病或者达到合同约定的年龄、期限等条件时承担给付保险金责任的商业保险行为。其实，保险在人生的不同阶段是有着不同的需求的。

童年阶段：随着当今社会的教育费用不断上扬，事先给孩子准备一笔教育经费成为家长们不得不考虑的问题。购买带有储蓄性质的少儿保险，可

以缓解未来孩子教育费用支付的压力。另外，由于儿童抵御外界风险的能力较低，容易发生疾病或意外，所以给孩子购买一定的医疗保险和意外保险是非常明智的选择。

学生时代：这一阶段家庭收入和支出都趋向高峰，因为孩子年纪小时购买保险的保费会比较便宜，因此可留出一部分钱为孩子购买储蓄型保险，使孩子在成长过程中形成良好的风险意识和储蓄习惯。另外，由于学生时代精力最为旺盛，安全意识不强，喜欢各类运动，发生意外的概率比较大，所以给孩子购买附加意外险并搭配一定的医疗保障的保险是非常不错的选择。同时孩子上学期间一般都还购买学生团体意外险和医疗险。

踏入社会：这个时期的朋友普遍没有家庭经济压力，但收入尚不稳定，风险主要来自于意外伤害和疾病，因此可以购买定期寿险或终身寿险，并配以意外伤害保险和医疗险。由于刚刚参加工作，积蓄不多，医疗保险要选择含“重大疾病提前给付”的险种，一旦偶患重大疾病可先行取得一部分保险赔偿金以支付昂贵的医疗费用。如果经济上较为宽裕，还可以选择购买一定的养老保险，既可养成节俭和储蓄的习惯，又可以利用年轻时保费较低的时机，为将来准备一份好的保障。

单身一族：经历了一段时间的努力，此时事业小有成就，有了一定的经济基础，对未来的生活也充满着希望，此时的保险设计原则应以长远计划为主。由于生活费用支出尚未达到最高峰，买保险可以首选综合意外医疗保险。这类保险费率低，并且可以针对意外提供高额身价保障，还能够附加意外医疗和住院医疗，有效补充城镇医疗报销的不足。其次，根据自身情况适当选择补充重大疾病保险，转移未来高额医疗费用带来的负担。与孩子和老人有所不同的是，年轻人为了事业经常在外奔波，出现意外的可能性就比较大，而一旦遇到健康方面的问题，经济来源就会中断，因此要先给自己买意外伤害险和健康保险。否则，即使购买了投资型的保险，当意外和疾病来临时才会发现，要么是买的保险“不管用”，要么是保额太少不够应急，最终使家庭面对经济危机时捉襟见肘。建议在经济允许的情况下可以购买终身寿险和医疗保险产品，另外定期返还一类的保险产品可帮助您养成储蓄的习惯，积累婚嫁金和创业金，也可适当考虑给付型的养老保险，以提早安排自己的养老计划。不过未婚人士在保障类保险规划的支出，一般以不超出自己年收入20%为宜。

新婚宴尔：结婚是人生的一大转折，也是保险需求升高的第一阶段。夫妻双方都应充分考虑一下整个家庭的人生风险，夫妻任何一方如果遭遇意外或疾病困扰，都会对另一方甚至自己的父辈造成莫大的伤害，因此这一时期的保险设计原则应是以家庭主要经济支柱为主，首先考虑投保保障性高的终身寿险、定期寿险，并附以一定的医疗保险、意外伤害保险。如果在单身阶段已经购买了保险，此时可以适当提高保障的金额。另外，也可以尽早安排未来的养老计划。如果经济允许的话，还可考虑选择投资分红类险种作为理财计划的一部分。与单身一族不同的是，如果经济状况较好，可以增加主险的种类、比重和金额，获得更多的分红。

三口之家：现在的家庭结构多是“421”式家庭结构，这种家庭保障结构抵御风险的能力非常差，一旦夫妇二人遭遇风险，家庭经济马上出现危机，老人和孩子的生活无法保障，保险也很有可能戛然而止。这个阶段，父母的事业均达到高峰时期，同时孩子的抚养和教育也将成为家庭中最重要的部分，因此这一阶段是人生责任最重也是保险需求最高的时候。现代城市家庭中，大多是父母加独生子女的模式，许多人关心的是为孩子买保险，似乎为孩子买了终生寿险，才算是为孩子买了一份平安。其实这是一种误解。孩子虽然是最需要经济保障的人，却不是最需要购买保险的人。最需要保险的人应是父母，也就是家庭的主要经济支柱，因为一旦有一方发生意外，会给整个家庭生活水平带来非常大的影响。举个例子，一个普通的三口之家，爸爸月薪 15000 元，妈妈月薪 8000 元，有一个 6 岁的孩子，家里有 60 万元的房贷，每月这个家庭需要还房贷 4000 元，孩子上学费用 3000 元左右，赡养双方老人共 2000 元，还有其他开销每月 4000 元左右。如果有一天，家庭的顶梁柱爸爸突然出了意外，仅靠妈妈一个人的收入，生活很快就会陷入困境，很难继续维系原来的生活水平。而如果是妈妈出了意外，家庭收入则勉强维持原来生活水平，当然，很难再有积蓄了。由此可见，以上这个例子中最需要保险的自然是家庭里收入最高的爸爸，其次是妈妈。因为保险就是让他们一旦出了意外后，保险公司理赔的保险金可以帮助这个家庭遭受失去亲人的不幸后，不至于再因为突然减少了的收入陷入困境，孩子依旧可以享受到原来的教育，而不用仰赖亲戚朋友的接济。

家庭中的主要经济支柱应考虑到如果遭遇意外和疾病，如何保障自己和家庭的基本生活保障，缓解由此带来的家庭生活危机。建议您首先考虑购买含重大疾病的保障型险种，并附以较高比例的意外伤害保险和医疗保险。如果已经有意外伤害保险和保障型险种，也应适当提高保险金额。其次可考虑给孩子购买少儿险，为孩子的教育基金尽早做出合理安排，对中国父母来说这是人生的重要责任。另外，如果经济允许，可投保一定的养老保险，为自己的晚年生活做好规划，并可考虑选择投资分红类险种作为理财计划的一部分。对于三口之家来说，附加豁免保费保险是很重要的，它可以使得经济支柱在丧失缴费能力的情形下仍然保证保单有效。其实，家长是家庭财富的主要创造者，一旦他们因意外、疾病等丧失工作能力，减少或失去收入的时候，家庭将陷入困境。因此，给家长买保险才能给孩子的学习、生活以保障，才能给家庭一份平安。需要强调的是，购买保险产品时应分清轻重缓急来确定购买什么保险产品。人生中的风险主要是养老、意外伤害和疾病问题。其中最难预知和控制的就是意外伤害和疾病，因此首先要考虑能够保障这两方面的险种。所以，最需要购买保险的人应是每个家庭里的主要经济支柱成员，至于买多少才合适，那还需要通过专业的财务安全需求分析才能完全了解。

人到中年：这一阶段个人收入达到最高峰、事业稳定。同时，这一时期子女的负担较少，家庭负担减轻。保险规划应侧重在体现身价和退休后的老年生活费用与医疗费上，另一个重点是赋税问题（特别是遗产税问题）。建议重点考虑购买年金类养老保险、还本型终身寿险等具有超强储蓄功能的保险，通过保险公司的资金运作，保证稳定的回报率，拥有充足的现金流来安享晚年生活。

3. 集体力量大——社保、单位福利与商业保险

如果向您建议购买一些商业保险产品的话，您会和目前社会上大多数人一样追问道："我已经有了社会保险难道还有必要买商业保险吗?"其实保险在中国的发展历程非常短，人们没有购买商业保险的传统与习惯，加之社会上对保险公司的营销口碑极差，多年来保险运行的基础是强制性保险产品的销售，或者说主要是靠社会保险来维系保险市场的运营，因而人们对社会医疗保险产生误解和对商业保险的认识存在严重不足就不足为奇了。从两者的关系来看，社会医疗保险是个人保障的基础，而商业保险是必要的补充，它们共同构成了社会的保障体系。

社会保险是政府强制施行的，为了保障社会稳定，给予人们在失业、养老、生育等方面的经济补偿制度，它为人们在社会生活中各方面提供一个基础的保障。而商业保险是人们自愿为降低未来可能发生的风险，而付出一定的费用给商业保险公司，与保险公司签订合同约定双方权利义务的商业行为。两者之间存在的不同之处主要有：

（1）实施目的不同。社会保险是为社会成员提供必要的基本保障，不以盈利为目的；商业保险则是保险公司的商业化运作，是以利润为最终目标的。

（2）实施方式不同。社会保险是根据国家立法强制实施，商业保险是遵循“契约自由”原则制定的，由企业和个人自愿投保。

（3）实施主体和对象不同。社会保险由国家成立的专门性机构进行基金的筹集、管理及发放，其对象是法定范围内的社会成员；商业保险是保险公司运用商业模式进行经营管理的，被保险人可以是符合承保条件的任何人。

（4）保障水平不同。社会保险为被保险人提供的保障是最基本的，其水平高于社会贫困线，低于社会平均工资的50%，保障程度较低；商业保险提供的保障水平完全取决于保险双方当事人的约定和投保者所缴保费的多少，只要符合投保条件并有一定的缴费能力，被保险人可以获得高水平的保障。从另一角度看，社会保险是国家通过立法，强制性地由国家、单位和个人保险费，建立保险基金，当个人需要获得必需服务时，由社会保险机构提供费用补偿的一种社会保险制度。以目前的医疗保险基金缴纳为例，其中的大病统筹是参加基本医疗保险的职工，通过支付一定数额的保险金，享受大病时的基本医疗保险。以北京市为例，根据《北京市基本医疗保险规定》，初次参保的职工，当月参保，次月就可以享受医疗保障，可以报销大病的手术住院费。但是北京市基本医疗保险的相关规定中还规定了如果中断医疗保险缴费超过三个月以上的，再次参保时需要向后推迟6个月的生效期，即再次参保的职工需要在180天以后才可以享受医疗保障的待遇。住院费用结算采用后付费的服务项目结算办法。参保人员出院时，医疗机构只能向其收取以下费用：起付标准费、超过规定标准个人应当负担比例部分的费用、自费使用项目的费用、统筹基金不予支付范围的费用。以上费用可以使用个人账户支付，不足部分由个人现金支付。属于统筹基金支付的费用由医疗机构和医保部门结算。

（5）两者的属性不同。强制性社会医疗保险是公益性福利事业，带有强制性，各类用人单位必须依法参加该项保险。商业性医疗保险属于商业性质，以盈利为目的，不带有强制性，主要靠保险公司的商业信誉去争取客户。

（6）两者保费筹集方法不同。前者由国家、单位、个人三方面负担，个人按照工资的一定比例以保险费的形式缴纳，负担较少。商业保险的费用完全由参保人承担，国家和单位不予分担，但用人单位自愿为劳动者分担的除外。

（7）两者的管理制度不同。前者由政府集中领导，各地医疗保险机构具体管理。后者由金融机构领导，商业保险公司具体承办，保险公司作为相对独立的经济实体，实行自主经营、自负盈亏的核算制度。

（8）参保人参加保险的条件不同。社会保险的参保条件没有什么特殊规定，无论是健康人还是病人都可以参加该项保险。商业保险的参保条件以保险公司的规定为准，只有具备参保条件的人，保险公司才接受其参保。住院（对于保险公司而言为出险）后，社会保险继续承担参保人的医疗保险费用，有封顶线。商业保险公司有可能增加保费，有可能签订免责条款，还有可能拒保。

（9）给予参保人的保险待遇不同。社会保险一般按照医疗费用的一定比例给予补偿，数额具有不固定性，不完全以个人缴纳的保险费用为准，具有社会救济的性质，是有起付标准线、床位标准规定及给付金额的封顶线，超过的费用需要自理。而商业保险则一般按照一定金额补偿，补偿金额根据您购买的保险金额具有固定性或者在一定范围之内，超支部分则由个人负担，具有商业救济的性质。社会医疗保险不可能补偿参保人全部的住院医疗费用，因此商业医疗保险就可作为社会医疗保险的有益补充。

（10）两者的保险范围不同。社会保险的保险范围较广，不仅保“大病”，而且保“小病”，不仅对参保人的住院费用给予一定补偿，而且对其门诊费用也给予一定补偿。而商业保险的保险范围很小，一般只对其承保范围内的几种或者某一种疾病的住院费给予一定金额的补偿。

其实购买保险就像您买房子一样，买来的毛坯房也可以住，因为它可以替您遮风挡雨。但是住毛坯房会很不舒服，使用起来也不方便，而装修后的房子不仅能遮风挡雨，还能增加舒适程度和生活的幸福指数。社会保险就好比购买的毛坯房，而商业保险就是装修后的房子。

4. 家庭的防弹衣——谈保险在投资理财组合中的作用

近几年来，投资理财越来越深入人们的经济生活，理财、基金、股票、理财产品甚至股指期货等名词成为许多人的“口头语”，虽然许多投资者都曾经历过股票大跌、基金深度缩水，但投资理财作为人们提高财产性收入的最主要渠道，将会受到越来越多居民的重视和积极参与。在日常理财过程中时常发现，许多客户将绝大部分甚至全部资金都投入偏股型基金、股票等高风险的资产，不仅违背了“不要把鸡蛋放在一个篮子里”的投资原则，而且保险在许多客户的理财组合中严重“缺位”，很多投资者的投资产品配置中，没有任何保险产品，或者即使有但保险的保额也严重不足，这样的投资理财组合无疑是存在很大风险的。科学地讲，任何一个投资理财组合都不应该让保险缺位，因为缺少了保险的理财组合是一个不健全、缺乏安全性的理财组合。

要做到在自己的投资理财组合中不让保险缺位，首先要认识到各种保险产品的功能或者说是各种保险的重要作用。从经济角度看保险功能，保险是分摊意外事故所造成的损失的一种财务安排，通过保险将少数被保险人的损失由所有被保险人分摊；从社会角度看保险功能，保险是社会经济保障制度的重要组成部分，是社会生产和生活的“稳定器”；从风险管理角度看保险功能，保险是一种风险管理方法，能够发挥分散风险、弥补损失的作用。三种说法虽然不同，但最终的落脚点就是风险管理，即保险可以帮助投保者较好地分散风险、减少损失。

在人的一生中经常会遇到一些无法预料的事情，我们将它称为风险。风险的特征就是具有不确定性，即现实中的您并不清楚风险何时会发生，损失会有多大，也不知道它会持续多久，但它却无时无刻不存在。古语说，凡事预则立，不预则废，那么怎么才能做到“预”呢？其实，投资保险产品就是一个非常值得信赖的避险工具与手段。因为保险具有分散风险、补偿损失、强制储蓄、合理避税的功能，在人们的经济生活中发挥着极为重要的作用。基于保险的重要性，世界许多国家和地区都非常重视保险业的发展，保险深度和保险密度都很高。曾经有这样一个笑话，说一个失事海船的船长是如何说服几位不同国家的乘客抱着救生圈跳入大海的：他对英国人说这是一项体育运动，对法国人说这很浪漫，对德国人说这是命令，而对美国人则说您已经被保险了。这位船长之所以这样来说服不同的人，主要是迎合了不同国家居民的性格特征和所处经济社会环境。在美国，上至国家元首，下至平民百姓，人人都很重视保险，保险是人们生活中不可缺少的重要一环，保险在他们的生活中就像吃饭、睡觉、休息一样重要，甚至可以说人们在做任何事情之前都要考虑是否已投保，所以只有船长说他已经被保险了，他才会放心地抱着救生圈去跳海。但是，由于受经济发展水平、人们的生活习惯和对保险重视程度等因素的影响，我国保险业的发展相对比较落后，老百姓的保险意识比较淡薄，主动购买保险的人非常少，购买保险的人相当一部分都是经过保险营销员做工作后“被动”购买的。目前在国内理财产品市场中几乎绝大部分的投资者都对基金、股票等理财产品的投资收益非常感兴趣，很少有人提到或者咨询保险，更不用说要购买什么样的保险了。保险代理人在得知一些客户没有任何保险或者保险额度不足，并试图让他们在理财组合中配置保险时，绝大部分情况下都被他们“婉言谢绝”，甚至将保险代理人大骂一顿，认为这些人是骗子。如就有关数据进行分析就可以明显地看出来，日本人均保单 8 张左右，人均保费 6200 美元，美国人均保单 5 张左右，人均保费 4500 美元，而在我国内地的保险市场，人均保单数目前仅为 0. 07 张左右，人均保费 40 美元，差距与潜在市场之大可想而知了。

其实保险理财就像一艘游轮中的救生艇一样，游轮好比基金、股票等理财方式，游轮又大又舒服自然很好，但一旦遇到风险，船沉的时候，只有救生艇能救您的性命。不要让自己的家庭像泰坦尼克号一样，乘船的人起航时无限风光，在海上遇到风险才发现救生艇不足，最后不得不舍弃自己的至亲，甚至是自己的性命。

鉴于保险的重要，每个人、每个家庭的理财组合中都应该配置保险，并把它作为理财组合中最基础、最重要的组成部分。为方便理解，您也可以把投资理财组合比做一支足球队，如果说基金、股票等投资理财工具是“前锋”和“中锋”的话，那么保险就是“后卫”和“门将”。无疑，“前锋”

和“中锋”可以帮助您攻进更多的球，赚得更多的收益，而“后卫”和“门将”则可以阻挡对方进球，预防风险和损失的发生。显然，对一个球队来说，前锋、中锋、后卫和门将都很重要，都是不可缺少的一部分。作为一种竞技比赛，也许您会说前锋非常重要，毕竟只有进球才能得分，但更多的情况下选好门将、防止进球则更为重要，这个道理相信每个人都明白。作为一个理财组合来说也是如此。一个健全、完善的家庭综合理财规划方案应该包括保险规划、投资规划、税务规划、退休规划以及房产规划、教育规划等组成部分，根据每个人的不同情况，有时候可以缺少房产规划、税务规划等组成部分，但绝大多数情况下，保险规划是不可缺少的。为此，每个人、每个家庭在进行理财规划的时候，都应该先看看自己是否已经购买了足够的保险，如果保险额度不足甚至还没有任何保险产品，那么应该先拿出一部分资金购买保险，用于应急和抵御风险，切不可让保险在您的理财组合中缺位。马斯洛的需求理论把人的需求分为五个层次，由低到高依次为生理需求、安全需求、社交需求、尊重需求和自我实现需求。从需求层次来看，保险层次需求属于较低层次的安全需求，对于您这个已经满足了吃饭穿衣且基本生理需求不愁的社会来讲，位于安全层面的保险需求早就应该是生活的必需品了。

从个人理财的角度来看，您不仅需要追求投资收益，同时更要注重风险的把控，尤其是小心谨慎地控制恶性风险。所谓恶性风险就是指可能造成您重大财产损失、身体健康严重伤害、重大疾病、残疾、甚至人身死亡的事件。由于恶性风险会给您实现人生目标造成非常严重，甚至灾难性的障碍，因此，您在拟定任何一个理财方案时，控制恶性风险是您的首要任务，这一点应当优先于任何其他理财策略，从这个意义上讲，保险的保障功能得到了充分的体现。

在个人和家庭理财的计划安排中，简单地划分资金比例，投向不同的投资工具，是我国目前个人和家庭理财的特点。目前保险产品在个人和家庭理财中占有相对较弱的地位，尤其是在成长期和家庭成熟期的年轻人当中，由于其身体健壮，对于未来的不可预知的风险和意外没有足够的保险意识，因而其投资组合中多没有保险产品或者保险产品的投资占很少的一部分。应该讲，保险是非常好的理财工具，但并非是好的投资工具。个人理财指的是如何制定合理利用财务资源，实现个人人生目标的程序，而决定一个完备的个人理财的投资组合是一个很复杂的程序。从这个定义中您可以看出理财的目的性很明确，即以实现人生目标为目的，而投资是以获取利润为目的。这两者之间显然有着本质的区别。

若从投资的角度来综合考察保险产品的流动性和收益性，保险很难与股票、基金、国债等金融投资产品一较高下，因此保险产品只能说是很好的理财工具，并非好的投资产品。很多时候您把理财和投资混淆在一起，甚至等同起来，这是不正确的。一般来说，投资是理财中极其重要的一部分，但绝不是全部。具体到保险产品，有些保险产品是纯消费性的，例如住院医疗保险等，而投资型保险产品大多具有附加的消费型产品功能，投保此类保险实现了转嫁风险的目的，又能在投资账户中获得额外的收益。因而，保险产品是很好的理财产品，它具有投资功能，但其投资方面不能完全和股票、基金相媲美。

需要说明的是，投资型保险在个人理财中属于防守型金融工具，是家庭的防弹衣。在理财规划中，防范风险是非常重要的。投资产品与其他金融工具不同，在理财规划中作为防守型工具发挥作用时，具有以小御大的特点，即可以用少量的资金抵御数十倍、数百倍，甚至数千数万倍于保险费用本身的风险。这一点是其他金融工具无法替代的，正如您为每辆车安装车锁，并在停车场支付停车费一样，用于购买保险的投资根本上讲就是您的人身安全成本，而投资型产品既可实现保障功能又可进行投资，两者实现了完美结合。

5. 保险人、被保险人、受益人和保险代理人

保险人、被保险人、受益人和保险代理人是大家接触保险产品时经常听到的词汇，严格说来，它们分别属于保险合同中的当事人、关系人和保险合同辅助人的范围。从保险合同签署的实践来看，保险合同的主体会涉及保险合同当事人、保险关系人和保险合同辅助人三类，并囊括上面提到的保险人、被保险人、受益人和保险代理人。

（1）保险合同当事人

保险合同当事人就是在保险合同中享有权利承担义务的人，包括保险人和投保人。

①保险人，也称为承保人，是与投保者订立合同，收取保险费，在保险事故发生时，对被保险人承担赔偿损失责任的人。在我国，保险人是专指各

类保险公司。保险人经营保险业务除必须取得国家有关管理部门授予的资格外，还必须在规定的业务范围内，开展经营活动。

②投保者，又称要保人、保单持有人，是指与保险人订立保险合同，并负有交付保险费义务的人。投保者应具备下列两个条件：第一是具备民事权利能力和民事行为能力。保险合同与一般商业合同一样，当事人应具有权利能力和行为能力。第二是对保险标的须具有保险利益。投保者对保险标的须有保险利益，即投保者对保险标的具有利害关系。投保者对于保险标的如不具有利害关系，订立保险合同无效。保险合同中的投保者可以是一方，也可以是多方，在再保险合同中的投保者必须由原保险人充当。

(2) 保险关系人

保险关系人是指在保险事故或保险合同约定的条件满足时，对保险人享有保险金给付请求权的人，包括被保险人和受益人。

①被保险人，指保险事故或事件在其财产或在其身体上发生而受到损失时享有向保险人要求赔偿或给付的人。被保险人可以是自然人、法人，也可以是其他社会组织，但须具备下列条件：(1) 被保险人是保险事故发生时遭受损失的人。一旦发生保险事故，被保险人将遭受损害。但在财产保险与人身保险中，被保险人遭受损害的形式是不尽相同的。在财产保险中，因保险事故直接遭受损失的是保险标的，被保险人则因保险标的的损害而遭受经济上的损失。在人身保险中，因保险事故直接遭受损害的是保险人本人的身体、生命或健康。(2) 被保险人是享有赔偿请求权的人。由于保险合同可以为他人的利益而订立，因而投保者没有保险赔偿金的请求权，只有请求保险公司向被保险人或受益人给付保险赔偿金的权利。

②受益人，又称保险金领受人。受益人是指在人身保险合同中由被保险人或投保者指定的享有赔偿请求权的人。受益人必须具备以下条件：

（1）受益人是由被保险人或投保者所指定的人。被保险人或投保者应在保险合同中明确指定受益人。（2）受益人是独立享有保险金请求权的人。受益人在保险合同中，不负交付保费的义务，也不必具有保险利益，保险公司不得向受益人追索保险费。（3）受益人的赔偿请求权并非自保险合同生效时就开始的，只有在被保险人发生保险事故时才产生。在被保险人生存期间，受益人的赔偿请求权只是一种期待权。

受益人的受益权是根据保险合同直接产生的，可以因为下列原因消灭：（1）受益人先于被保险人死亡或破产或解散；（2）受益人自愿放弃受益权；（3）受益人有故意危害被保险人生命安全的行为等，其受益权依法强制取消。

在保险合同期间，受益人可以变更，但必须经被保险人的同意。受益人的变更无需保险公司的同意，但应当将受益人的变更事宜及时通知保险公司，否则变更受益人的法律效力不得对抗保险公司。假设王女士给爱人张先生投保了一份终身寿险，受益人为自己的儿子小张，在这个例子里，投保者为王女士，被保险人为张先生，而受益人为她的儿子小张。又假设，王女士给自己投保了一份养老保险，受益人是自己，在这个例子里，投保者、被保险人和受益人就都是王女士本人。再假设，王女士给自己的儿子买了一份教育储蓄险，在这份保险中，投保者是王女士，而被保险人和受益人为她的儿子小张。

通过上面的例子大家可以看出，投保者、被保险人和受益人既可以是同一个人，也可以是不同的人。他们都是保险关系中的主体。

（3）保险合同的辅助人

保险合同的辅助人是指依照保险法规定，并按照保险公司委托或者为被保险人的利益而代办保险的从业人员，包括保险代理人、保险经纪人。保险合同的辅助人与投保者、被保险人和受益人是息息相关的一类人，对于绝大多数人来说，在接触保险时，都是从与保险代理打交道开始的。

①保险代理人。即保险公司的代理人，指依保险代理合同或授权书向保险公司收取报酬，并在规定范围内，以保险公司名义代理经营保险业务的人。保险代理是一种特殊的代理制度，表现在：（1）保险代理人与保险公司在法律上视为一人；（2）保险代理人所知道的事情，都假定为保险公司应知道的；（3）保险代理必须采用书面形式。保险代理人既可以是单位也可以是个人，但须经国

家主管机关核准具有代理人资格。

②保险经纪人。保险经纪人是基于投保者的利益，为投保者和保险公司订立合同提供中介服务，收取劳务报酬的人。保险经纪人的劳务报酬由保险公司按保险费的一定比例支付。

6. 投保单、保险单、保险凭证

投保单又称要保单，是投保者向保险公司申请订立保险合同的书面要约。投保单经投保者据实填写并交付给保险公司就成为投保者表示愿意与保险公司订立保险合同的书面要约；投保单一般由保险公司按照事先统一格式印制，通常为表格形式。投保单所列项目因险种不同而有所区别，投保者应按照表格所列项目逐一填写，并回答保险公司提出的有关保险标的的情况和事实。投保单本身并非正式合同的文本，但一经保险公司接受并签章后，即成为保险合同的一部分。在保险实务中，投保者提出保险要约时，均需填具投保单。如投保者在填写投保单时，内容不实或故意隐瞒、欺诈，都将影响保险合同的效力。

投保者在投保单上要填写的主要内容一般有：

被保险人的名称和地址、保险标的的名称和存放地点、所投保险的险别、保险责任的起讫、保险价值及保险金额。

很多客户在填写投保单时，由于过分注重个人隐私的保护，因而在填写资料时显得不够完整，或者说是不够准确。其实，一份完整、准确、内容真实的投保单，才能真正保障您自己的合法利益。那么，填写投保单时该注意些什么问题呢？首先，各项信息须完整填写。如姓名、出生日期、职业等；证件号码须和有效身份证明文件一致；通信地址为可邮寄地址。尤为重要的是，投保者及被保险人应如实回答投保单上所提出的所有问题，必要时应在投保单备注栏中说明详情或提供相关的书面材料。如果您没有如实告知，发生保险事故时，可能得不到保险公司的赔付，保险公司也有权解除保险合同。其次，确定受益人。如果受益人明确，发生保险事故后，保险金将直接给付受益人，否则保险金就由保险公司按照法定的继承顺序进行顺次分配，进入遗产范围，这就有可能引起纠纷。确定受益人需要被保险人亲笔签字认可，如果受益人为未成年，则由法定监护人签名。最后，是要亲笔签名。填写完毕后，还应对投保单内容进行复核，确认真实完整，并应亲笔签名确认。投保者、被保险人切勿在空白或未填写完整的投保单上签字。

从法律的角度讲，保险单是《保险法》中列举的投保者与保险公司之间订立的正式书面保险合同的一种。保险单必须完整地记载保险合同双方当事人的权利义务及责任。保险单记载的内容是合同双方履行的依据，保险单是保险合同成立的证明。它由保险公司签发给投保者，完整地记载了合同双方当事人的权利和义务，是被保险人在保险标的因保险事故发生损失时向保险公司提出索赔或给付的依据和凭证。因而要求保险单必须明确、完整地记载有关保险双方的权利义务，保险单上主要载有保险公司和被保险人的名称、保险标的、保险金额、保险费、保险期限、赔偿或给付的责任范围以及其他规定事项。保险单根据投保者的申请，由保险公司签署，交由被保险人收执，保险单是被保险人在保险标的遭受意外事故而发生损失时，向保险公司索赔的主要凭证，同时也是保险公司收取保险费的依据。保险单的主要内容包括：

声明事项，即将要保人提供的重要资料列载于保险合同之内，作为保险公司承保风险的依据。如被保险人的姓名与居住地址，保险标的名称、坐落地点，保险金额，保险期限，已缴保费数额，被保险人对有关危险所做的保证或相关承诺事项。

保险事项，即保险公司应承担的保险责任。

除外事项，即将保险公司的责任加以适当的修改或限制，保险公司对除外不保的风险所引起的损失，不负赔偿责任。

条件事项，即合同双方当事人为享受权利所需履行的义务，如事故发生后被保险人的责任，申请索赔的时效，代位求偿权的行使，保单内容的变更、转让、取消，以及赔偿选择等。

其他事项，如解决争议的条款、时效条款等。

保险单对于投保者、被保险人和受益人来说都是重要凭证，对于将来所面临的保险风险的不确定因素是有力的保障和法律依据。所以您在收到保险单后应注意以下几个事项：

第一，验收。收到保单时应查验是否有下列文件：保单正本、保险条款、保险费正式收据、变更通知书和出险通知书、现金价值表。如齐备您应在保单送达书上签字并填写保单号码及收单日期。

第二，核对。对保险单正本及保险费收据上所有的项目应逐条核对，如有错误应及时通知保险公司及业务员予以及时更正。

第三，三思。从收到保单之日起十日内称为冷静期或犹豫期，允许投保者“反悔”。所以应抓紧时间仔细阅读研究保险条款，对保险期限、保险责任等要格外关注。如果想撤保，投保者应以书面形式提出，可以通过业务员、邮寄或直接送达，保险公司将无息退还保费，保险合同无效。

第四，备案。人寿保险要管十几年、几十年，甚至一辈子，因此最好将保险单的有关重要资料，如公司名称、险种、保单生效日、交费日期、保费金额、业务员姓名及联系电话、保险公司地址、电话等记录下来，以备不时之需。

第五，保管。保单及有关单证票据务必妥善保管，注意防水、防潮、防火、防虫蛀，最好放在塑料文件夹里，然后存放在安全之处。

第六，补办。万一保单丢失了，应及时到保险公司挂失补办，以免发生风险时，延误保险金的给付或赔付。

第七，变更。投保者如申请变更保单内容（如更改投保者或受益人、交费方式、身份证明文件、通讯地址或联系电话、保险金额等），应认真填写变更申请书，随同保险单通过业务员或本人亲自送到保险公司，或通知保险代理人后寄送到保险公司，以便及时办理相关变更事宜。

第八，出险。如被保险人万一出险，投保者应及时向保险公司报险，详细说明出险时间、地点、情况，并在规定的期限内将出险通知书通过业务员或本人亲自送到保险公司，也可以邮寄到保险公司，及时办理索赔手续。

第八，退保。投保者在保单生效两年并交满两年的保险费后，可提出退保申请。保险公司按现金价值表上载明的金额给付退保费用，自此保险单的法律效力即中止。

在保险单中对投保者的交费情况与保险单的效力也作了相应的说明。保险公司在保险单中就上述事项的说明有几种不同的表述，虽然字词相差不大，但对保险单会产生不同的法律效力，继而影响保险公司是否应该承担赔偿责任。

保险费交清之前，保险单不生效。即保险费用交清之前发生的事故，保险公司不承担保险赔偿责任。该特别约定为免责条款，投保者交清保费之前，即使保险合同已经成立并合法有效，保险费交清之前发生的事故属于保险合同中约定的赔偿范围，但是由于有以上规定，保险公司享有免责事由，保险公司可以此免责事由拒绝赔偿。而且，保险公司可以根据已生效保险合同的约定，向投保者继续索要保险费。投保者补交保险费后，对之后在保险期间内发生的保险事故，保险公司则应该承担赔偿责任。需要注意的是，上述免责条款应该向投保者明确说明，否则不产生法律效力。该特别约定为附生效条件的条款，保险费交清之前，保险单已经成立，但是并没有生效。也就是说，只有投保者交清了保险费，保险单才生效，保险单生效的条件就是投保者向保险公司缴纳保险费。对保险费交清之前发生事故，由于保险单并没有生效，保险公司无须承担赔偿责任。当然，保险公司也不能以没有生效的保险合同向投保者索要保险费。

投保者自起保之日起五日内交清保险费，否则保险单失效。该特别约定为合同终止条款，保险合同自保险公司签发保险单之时生效。投保者在起保之日起（保险单签发之日）五日内没有交清保险费的，保险合同还是生效的，在此期间发生保险事故的，保险公司依然要承担赔偿责任。但是，从起保之日第六日起，投保者还没有缴纳保险费的，保险合同的效力就终止了，在此期间发生的保险事故，保险公司无须承担赔偿责任，也无权向投保者索要保险费。

保险凭证，又称小保单，是保险公司发给投保者以证明保险合同业已生效的另一种文件形式，是一种简化了的保险单，与保险公司人签发的保险单具有同等的效力和作用。保险凭证作为保险单的附属文件，常常被人忽略。虽然保险凭证只是一张简化的保险单，但它在某些零售型保险业务中具有为被保险人提供增值服务的功能。这种在保险单以外单独签发的保险凭证主要在以下几种情况时使用：在货物运输保险订有预约合同的条件下，需要对每一笔货运签发单独的凭证；在一张团体保险单项下，需要给每一个参加保险的人签发一张单独的凭证；对于机动车辆第三者责任险，一般实行强制保险，为了便于被保险人随身携带以供有关部门检查，保险公司通常出具保险凭证。

需要提醒的是，在保险实务中，保险单虽然应用广泛，但也有少数保险业务往往使用保险凭证，例如货物运输保险和汽车第三方责任保险。为了简化单证手续，我国还有一种联合保险凭证，主要用于保险公司同外贸公司合作时附印在外贸公司的发票上，仅注明承保险别和保险金额，其他项目均以发票所列为准。当外贸公司在缮制发票时，保险凭证也随即办妥。保险凭证目前在对港澳地区的贸易业务中使用量较大。

7.

主险和附加险

目前保险公司出售的保险产品主要分为主险和附加险两个部分。主险又称基本险，就是能单独投保的保险产品，或者指不需附加在其他险种之下的，可以独立承保的险种。您常见的终身人寿保险、养老保险等险种都是主险。与其相对应的，是附加险。附加险指不能单独投保，只能附加于主险投保的保险险种，主险因失效、解约或期满等原因效力终止或中止时，附加险效力也随之终止或中止。投保者只能在投保基本险的基础上，根据自己的需要选择附加险加以投保。

主险和附加险之间的关系是主合同与补充合同的关系。即主险的条款是主合同，相对应的附加险条款是主合同的补充合同。二者具有主附关系，补充合同的存在依附于主合同的存在，而主合同通常可以与补充合同有密切的联系，但又不依附于补充合同。通常主合同与补充合同之间的关系是补充合同的未尽事宜应以主合同为准，相抵触的部分以补充合同为准。所谓的“未尽事宜”是指补充合同没有约定而主合同有约定的内容，而“相抵触”是指基本险和附加险两部分就同一事项有相反的规定，在这种情况下，可以按条款规定以附加险为准。

应该讲，主险和附加险是从能否单独投保的角度对保险险种进行的基本划分。主险是条款内容完备、要素齐全、能够单独投保的险种，主险条款内容和要素一般都包括了《保险法》第19条规定的应当具备的11项内容。附加险条款内容相对而言要简单得多，除了规定体现其特殊性的必备内容以外，与主险条款相同的内容一般都省略了，而直接适用主险条款的相应规定，因此如果撇开主险条款中可供附加险援引的内容，附加险条款将因内容不完备、要素不齐全而无法单独投保，这也正是附加险必须在主险“基础”上才能投保的原因所在。

主险和附加险其实是一般和特殊的关系，因此附加险条款的规定应当优先适用，附加险条款与主险条款就同一内容规定相抵触的，适用附加险条款的规定，这正是附加险特殊性所在；附加险条款没有规定而主险条款有相应规定的，适用主险条款的规定，即主险条款补充附加险条款规定之不足。

关于主险和附加险，一般在客户购买保险的时候不建议做重复的保障选择，但是主险和附加险也会发生一些让人意想不到的情况。比如说，您购买了一份重大疾病保险并附加了其他一些意外医疗险种，假若不幸得了重大疾病，保险公司会按合同约定给付重大疾病保险金，但是会通知您解除附加的意外医疗险。主险（重大疾病险）合同效力的终止，使得您在意外医疗方面的保障也不得不结束了。所以，您在购买保险的时候，不妨问清楚保险代理人附加险是否能在主险失效后继续有效。

也有许多朋友认为，买保险时只要买主险就可

以了，其他的附加险没什么用，还多花钱，没必要。但事实并非如此。一些产品虽然是附加险，但重要性不容小觑。要正确对待附加险的重要性，特别是对于年轻人来讲，没有丰厚的积蓄，通过购买主险并选择适合个人需求的附加险会减轻个人在保险费上的很大压力。当然，如果您的收入有了一个良好的基础，并且所有的保险需求都能被主险产品所满足，您当然可以选择主险而忽略附加险。但是，目前很难找到单一的主险产品可以完全覆盖保险需求。在购买保险产品时，投资者要正确看待附加险的重要性，不然会给自己带来不必要的麻烦。在这里需要提醒大家注意以下几点事项：从专业角度需要提醒大家注意的是，选择附加险的时候要关注这个附加险是不是和主险的年期一致。在拥有了附加险后，还需要大家去关注主险和附加险的保费缴纳，以及附加险和主险是否随时保持一致有效。举例来说：小李曾经买了一份两全保险，并附加了一份意外医疗方面的附加险。这个附加险是一年期的，每年需要续保。后来小李不准备要这份附加险了，但并没有通知保险公司。他在自己的银行卡里只存入了主险的保费，而保险公司则是按有附加险来扣款的，结果因为费用不足，扣款没有成功。幸好小李及时发现，不然保险单的效力就要受到影响了。如果您在购买主险的同时，还选择了附加险的话，那么您一定要仔细看好主险和附加险里的每一项条款。如果遇到有疑问的地方，就要及时和保险公司取得联系，及时进行交流和沟通，这样在理赔的时候就能减少一些不必要的麻烦。如果发生了一些无法解决的理赔纠纷时，可以选择用法律的武器来保护自己的正当权利。

8. 基本保额是什么意思

基本保额即基本保险金额，是保险单上明确标注的金额，保险金额是能拿到的保险赔付金额，有些保险条款的基本保险金额和保险金额是一致的，有些条款的保险金额是以基本保险金额为单位计算的。比如中国人寿的康宁终身保险，如果购买的基本保险金额是100万元的话，那么重大疾病保险的保险金额就是基本保险金额的2倍即200万元，身故和高残的保险金额是基本保险金额的3倍即300万元；中国人寿的瑞鑫两全保险，投保100万元的基本保险金额，那么大病提前给付的保险金额就是基本保险金额的3倍即300万元，身故也是3倍300万元，生存金给付是按基本保险金额计算的，每三年给付基本保险金额的8%，就是100万元的8%，即80000元。

基本保险金额由投保者和保险公司在投保时进行约定，但须符合保险公司当时的投保规定，约定的保险金额应在保险单上载明。简单的可以理解为：基本保险金额是一个计算的数值，保险金额是一个理赔的金额。若以分红型保险和万能险来举例说明，其中对于分红型保险来说，基本保额就是投保时设立的一个基本保障额度，可以作为生存金返还的基数，也可以作为基本保障额度的基数。举例来说，如果保险合同中规定，按照基本保额的30%返还生存金，那么10000元的基本保额就要返还3000元。如果保险合同中规定，按照基本保额的3倍进行赔付，那么在发生任何意外时，实际赔付的金额就是基本保额的3倍，即30000元。相对于分红型保险而言，万能险的基本保额是一直在变化之中的。与传统的险种相比，万能险的缴费更加灵活，没有强制性。在支付了最初的保费之后，您

可以自由追加投资，以此来获取更高的投资回报率。在这种情形下，基本保额就会处于持续不断的变化之中。

需要说明的是，保险中的基本保额并不是一个一成不变的概念，而是有着非常实用的一面。熟悉基本保额对投保各个险种都有着很强的指导作用，既可以让您享受到保险带来的福利，又可以让您规避掉一些不必要的风险或麻烦。

9. 雾里看花——选择最适合自己的保险公司

我国目前拥有注册并实际运营的保险公司 100 多家，面对这么多的保险公司，您在购买保险产品时该如何选择呢？

经济的飞速发展使人们的消费水平不断提高，人们的消费观念也在不断变化，选择买保险的人越来越多了。但是对于保险这样一种购买流程很复杂的产品来说，不是每个人都能了解保险合同里的条条框框的。因此在购买保险时，一定要选择专业性较强的保险公司，这样可以避免自己落入一些陷阱还不自知。每位投资者对保险保障的需求不同，家庭的收入情况不同，所要购买的保险产品自然种类也不同。在投保者购买保险后的保险期内，投保者和被保险人与所投保的保险公司有着切身利益关系。因此，选择合适的保险公司对于投保者来说是非常重要的。那么应该如何选择一家适合自己的保险公司呢?

第一，要考虑保险公司的组织形式。不同类型的保险公司在经营范围和组织形式等方面都有所不同，而这些差异影响着保险公司的经营品种和经营方式。现在既有主要从事财产险的和主要从事人身保险的传统类型的保险公司，也有健康保险、养老金保险、汽车保险等专业保险公司，经营范围不同的保险公司所提供的产品的保障范围和专业程度必然不同，需要投保者根据自己的保障需要加以选择。保险公司的组织形式主要包括股份有限公司、相互保险公司；政策性保险公司和商业性保险公司；中资保险公司、中外合资保险公司和外资保险公司等。不同组织形式的保险公司的经营方式会有所不同，投保者在购买保险时要予以关注。

第二，要考虑保险公司的经营状况。投保者需要考察保险公司的偿付能力和财务状况。这一点对投保者很重要，一旦出现风险，保险公司的偿付能力会影响您出险后的生活。投保者一般应该依据保险监管部门或权威评级机构对保险公司的评定结果来了解保险公司的偿付能力。评定等级越高，就表明该保险公司的偿付能力越强。投保者还可以查看保险公司的财务报表，分析保险公司的保费收入、赔款、费用、利润等财务指标，从而了解判断其财务偿付能力。偿付能力是一种支付保险金的能力，表现为实际资产减去实际负债后的数额。偿付能力是影响公司经营的最重要因素，只有公司具备足够的偿付能力，才可以保证发生保险事故时，有足够的资金支付保险金，并保证保险公司的正常经营。业内专家指出，偿付能力不足的原因可能是多方面的，如业务增速过快、重规模轻效益、发展模式粗放、产品结构不合理，也有可能是股东实力不强、对公司投资热情不高、投资资金不能及时到位等等。保险公司的偿付能力将接受动态监管，投保者可以通过保险监管机构的网站，了解保险机构的增资情况及偿付能力不足公司的通报。需要说明的是，保险公司的财务状况将关系到保险公司资金的运营、投资和理赔能力。资金运行能力强的公司，一般资产结构好。在保险业界，能否上市或者能否整体上市是评价一家保险公司整体资产是否优良的标志之一。

第三，要考虑保险公司的险种价格。在能够负担保险产品价格的条件下，投保者应该选择那些能为自己提供恰当保障的保险公司。需要指出的是，便宜的保险不一定是最适合的保险。这是因为，最低的价格既可能来自于财力雄厚的保险公司，但也有可能来自于保险责任范围较窄的保险公司，甚至是对被保险人的合法索赔经常拖延甚至拒绝赔付的保险公司。

第四，要考虑保险公司的服务质量。在保险产品较为同质化的今天，各公司都在追求服务质量。服务质量好的保险公司，总是以投保的需求为导向，而且言行一致，在很大程度上体现服务专业化、理赔高效化。投保者选择保险公司时，要从两个方面了解其服务质量：一方面从其代理人获得的服务，这一个性化的服务将体现营销员的专业程度和综合素质，间接体现公司培训力度与管理水平。在现实生活中，有很多投保者都在抱怨营销员在投保前形影不离，投保后却无影无踪，这说明营销服务方面存在着问题，需要投保时明辨。另一方面是从公司本部获得的服务。保单往往是一个长期有效的契约，是保险公司给投保者许下的一个承诺。因此，详细了解保险公司的服务细节很关键。保险公司在服务方面的任何一点不足，都可能影响投保者未来几十年风险损失保障。保险公司的服务质量高低直接决定了客户在理赔时获得的权益，所以咨询、预约、报案、投诉、救援和回访等多种服务项目质量的好坏也是选择保险公司时需要考虑的。很多客户投保时往往比较注重老牌公司，而根据市场情况显示，许多新兴公司较传统公司往往更注重品牌建设与服务品质，许多新保险公司的服务质量都名列前茅。新的保险公司为了在激烈的市场中占有一席之地，他们的服务往往更能从客户的角度出发。所以在选择保险公司时可多咨询几家的服务品质，并注意了解当地保险监管机构的信息公示。需要强调的是，品牌知名度、公众认可度也是投保产品的重要参考。身边的人对您所要选择的公司是否认可也是一个应该考虑的因素，尤其是接受过理赔的朋友，他们的建议具有重要的参考价值。

第五，要考虑保险公司的保险保障。投保者在选择保险公司时，需要了解公司产品的特点，及其在同类产品中的竞争优势，是保障型的，还是投资型的，或者是偏保障还是偏投资。以重大疾病保险为例，有的保障期限长，有的保障范围广，有的还将重大疾病分类，第一类出险病愈后还可以保障第二类重大疾病，有的具有豁免功能，即出险后后期的保费将免缴，但仍可以享有特定的保障权益。在投保前，投保者需要详细了解保险单条款中涉及自身利益的具体内容，如承保风险种类、保险责任、保险收益、保险期限、赔付方式等等。如果选择保障类产品，也应选择一个种类较齐全的保险公司，这样更容易搭配，组成套餐，并根据投资者自己的保险需求，在主险的基础上附加较为全面的附加险。

第六，要考虑保险公司的投资实力。一个公司的投资能力强，意味着保费的增值空间大。只有能取得稳定收益的公司，才能最终保证投保者的利益。投资者购买投资型保险更需要考察公司的投资能力。特别是需要考察公司股东背景、公司实力、公司文化，同时还可以进一步了解公司治理结构、内部风险控制、信息披露制度，以及注重投资者教育等等。同时，也要了解管理团队，主要了解团队中人员的专业素质、投资实力以及投资绩效。一般来说，公司过去的高绩效对投保者有很大的吸引力，而且用历史的高业绩来吸引投保者也是公司的惯用手法，因为历史业绩在某种程度上体现了公司的整体投资实力和盈利水平。

第七，要考虑保险公司的产品细节。投保者应当选择能为客户量身打造人性化产品的保险公司。不同的保险公司，同样产品的价格可能不同，同样价格的保费保障的范围、保障的时间也会有所不同，投保时要看清楚这些细节。特别要注意不赔的范围，应当选择不赔范围相对较小的保险公司。保险公司的品牌知名度、公众认可度高，才能体现该公司的信用等级优良。在理赔方面的公平公正才能让大众更信任公司品牌，信赖公司的保险产品。

第八，要看保险公司的管理效率。保险公司管理效率的高与低，决定着该公司的兴衰存亡。管理效率可从公司产品创新能力、市场竞争能力、市场号召能力、公司盈利能力、公司决策能力、公司应变能力、公司凝聚能力等方面衡量。

10. 选择保险代理人

保险公司的保险代理人对于要购买保险的人来说其作用是非常大的。大家都知道，我国保险的中间人主要有两种：保险代理人和保险经纪人。保险代理人是受保险公司的委托，向保险公司收取代理手续费，并在其授权范围内办理保险业务的单位或个人。保险代理人根据保险公司的授权代为办理保险业务的行为，由保险公司承担责任。因保险经纪人在办理保险业务中的过错，给投保者、被保险人造成损失的，由保险经纪人承担赔偿责任。我国的保险经纪人制度刚刚实施，目前您接触保险经纪人不多，主要接触的是保险代理人。

一名合格的保险代理人应精通保险业务，同时通晓理财、法律风险管理等相关知识，这样才是为保户提供优质售前售后服务的保障。合格的保险代理人，可以用专业知识帮助您转移风险，做您的经济顾问，使您的生活得到全面保障。那么保险代理人究竟能为您做些什么工作呢？

保险代理人虽然是代理保险公司招揽业务，但是他们的佣金却是由保险公司进行支付的，因而您不用担心保险代理人再会额外加收保费，更不必为保险公司与保险代理人的关系而产生疑问，认为保险代理人会损害自身利益。实际上，在规范的保险市场上，代理人的利益与客户是休戚相关的，可以说客户就是保险代理人的“上帝”，他们的收入是与能销售出去多少保险单和提供什么程度的服务密切联系的，因而两者的利益是相通的。好的保险代理人能够唤醒您的潜在需求。保险业中有句老话：“保险必须靠摊销”。因为保险商品不同于生活必需品，它实际上可以说是一种较高层次意义的奢侈品，很少有人会主动买保险。人们总有种习惯或惰性心理，或者对未来的自信。比如有的人会想我的房子很安全，不会着火或发生其他意外，只要注意就可以了，为什么要去买保险；没有人愿意设想很快就会死亡，只要没得致命疾病，很少想到投保；另外对许多人来讲，年老退休是相当遥远的事，以后再买保险也为时不晚；或者一个潜在的保险购买者会因为资金问题就打消了原有的购买保险的念头，尽管事实上保险费用远比想象的低。

正常情况下，在人们不太熟悉保险的广泛运用范围，或者在资金存在一些问题的情况下，就无法清楚地认识到自己对保险的真正需求，从而自觉购买保险。因此，一个职业保险代理人既是保险产品的推销员，同时又兼有宣传普及和顾问的作用。他可以引导人们去发现可能会遇到的问题，并且提出应对措施。其实保险代理人所揭示的是客户已存在的需要，并非他创造的，只是他能够迅速和准确地识别一个人的潜在需要。而人们只有清楚自己在找什么东西，才能设法找到它。保险代理人可以向客户指明问题，客户才知道问题的存在，才会去购买保险。

好的保险代理人能够帮助客户进行保险计划选择。国外保险业界存在一种流行说法，推销保险，

95%是靠对人的了解，5%靠保险知识。但这5%的保险知识，保险代理人必须100%的了解。好的保险代理人熟悉保险产品的用途和限制范围，他能够在客户所能负担的保费前提下，针对不同的职业、年龄、家庭结构，向客户推介合适的保险险种，帮助选择组合。

好的保险代理人能够为客户提供持续有效的优良服务，一个有远见的代理人绝不会是一个短期行为者。保险代理人在帮助客户购买保险后，使客户的愿望和保费支付能力相符合，才有可能保持这笔业务的长期有效性，保险代理人在帮助客户解决问题的同时，也会从建议中得到好处，这样他就会对客户提供持续有效的服务，而这恰恰是客户最希望得到的。

好的保险代理人可以切实解决客户在购买保险过程中的麻烦。比如他会向客户详细且准确地解释保险合同的相关条款，提醒客户各种应注意的事项，帮助客户了解保险合同的内容，建议合适的保费支付方式，并代收保费。保险代理人应以自己的知识和经验向投保者提供全面、有效的服务。

在需要购买保险产品时，很多投保者通常会第一时间找个保险代理人咨询一下，但又不免犹豫，担心被“忽悠”，常常是手里拿着几个保险代理人的电话却不知道该打给谁。大家都知道，保险代理人要专业可信才“靠谱”。换句话说，选择了一个“靠谱”的代理人，进而拥有了“靠谱”的保障计划，才可以少走弯路。其实，目前保险代理人均需持证方能上岗工作。保险代理人必须经过严格考试，考试合格后才可以获得由中国保险监督管理委员会统一印制，并由被代理保险公司审核留存《保险代理人资格证书》。而且按照相关法律规定，如果保险代理人在保险公司的授权范围内代理保险业务的行为所产生的法律责任，由保险公司承担，如果保险代理人在其业务中欺骗保户的，将受到处罚或被追究刑事责任。

审查保险代理人的代理资格是非常重要的。保险代理人是保险公司的业务代理人，由于投保者投保后不仅要支付保险费，而且发生保险事故后涉及保险公司赔付问题，投保者在与保险代理人签订保险合同时一定要审查保险代理人的代理资格。如果保险代理人无保险代理权，保险合同会因其无效而损害投保者的利益。投保者可以要求保险代理人出示身份证、保险代理人业务许可证或者工作证。如果仍不放心可以记下保险代理人的证件号码然后打电话到有关的保险公司核实保险代理人的有关情况。所以还是有一些方法可以帮助投保者鉴别真正专业诚信的保险代理人的。投保者可以在保监会官方网站查询代理人的展业证、资格证，对比相关信息是否与其本人陈述一致之外，还有一些简单的考察标准，可以帮助投保者分辨代理人的专业度和可信度。

“靠谱”表现一：先问诊，后开方 。保险最本质的作用在于保障，投保者在购买保险产品前对此应有足够的理性认知。而一位优秀的保险代理人，也应把客户的保障放在最重要的位置。这一点是非常重要的。如果一个保险代理人向一个没有任何保险保障的人，首先力推的是一份以理财为主要功能的保险，或者初次见面，在沟通过程中，不询问客户的家庭结构、家庭收入、现有保险情况等信息，一门心思介绍某款保险产品的收益，强调过多久能赚多少钱，未来的分红如何如何，这种本末倒置的行为就显示出该保险代理人不够专业。目前很多投保者在选购保险产品时，像购买其他商品一样，喜欢比较价钱，想要选择低保费、高收益的产品。这一点原则上并没有错。不过，在目前激烈的保险市场竞争之下，保险产品的同质化较强，不同公司同一类别的保险产品在定价上差异甚微，而保障各有所长，单纯比价其实没有太大的意义。选择自己需要的保障才最为关键。其实，专业保险代理人的价值就在于帮助客户明确自身保险需求，制定保险计划。一般来说，在进行一到两次沟通后，代理人会制定一份计划书，从中也能分出代理人的高下。专业的保险代理人在制定客户计划书时，会从客户的实际情况出发，分析其自身或家庭存在的主要风险，进而有针对性地给出保险方案，而不是盲目地进行推销。

“靠谱”表现二：分红险不打保票。不久前的一则新闻报道中讲述了这样一起保险理赔案件，投保者进行如下陈述“我也不知道买的是什么，保险代理人说这款保险产品可好了，每年都能拿到10%以上的回报，还有很多分红，所以就买了”。目前这种情况的在广大保险投保者中并不少见。其实，投保者应该明白，如果有明确的回报，那么在保险合同中肯定会有相关说明；如果产品是分红险，那么其分红肯定是不确定的。这些都是基本的保险常识，专业的保险代理人绝不会用年收益来忽悠您，忽悠您的证明他还不够专业。因此，为了自己的长远利益，必须认真阅读保险合同，这样才能辨明真假。还有一点应该注意，您买保险所给代理人的费用不是根据代理人的服务质量自己想给多少就给多少的，而是涵括在保费里，由保险公司统一支付给保险代理人的，因此保险代理人的服务质量是良莠不齐，各有好坏的。投保者在选择保险的同时很重要的是要选择一个好的代理人。

“靠谱”表现三：长期服务，及时调整。除去意外伤害险这类的短期险种外，大多数保险产品的缴费期都在5年至20年之间，有的保障期限可能长达三五十年甚至终身。在如此长的时间跨度中，投保者会需要后续的保单服务，比如变更地址、缴费账户信息、联系方式，或者受益人的更改等等，虽然可以直接与保险公司联系办理，但是很多人喜欢先与自己的保险代理人取得联系。另外，更重要的是，随着投保者的家庭结构、经济状况发生改变，家庭的风险结构也会发生变化。从一个两口之家，到三人世界，到孩子长大成人，家庭的保障计划重点也从普通寿险、健康保障，向孩子的教育保障、养老保障进行转变。保险代理人应该与客户保持长期的密切联系，关注客户的家庭风险变化，并提醒客户做相应调整，以防保障缺口，好的保险代理人是客户一生的朋友。就是因为购买保险不是一劳永逸的，要不断更新调整，因此一位专业诚信、立志长期服务的保险代理人非常重要。

“靠谱”表现四：保险代理人相对整齐的仪表和大方的谈吐是必要的。如果一个代理人穿着邋遢、精神不振，对自己的工作都没有很大的热情，您能把自己的保险放心交给他吗？投保者可以通过多向他提问、让其介绍自己的情况等方式来考察保险代理人的业务知识和职业素质，从而判断他推荐的保险是否能真正符合自己的要求。另外对不同的保险多做对比也是一个很好的方法。让保险代理人给自己讲实例，好的保险代理员应该比较熟练就能回答出来，如果是一问三不知的保险代理人就要谨慎选择了。

“靠谱”表现五：是否有固定的办公场所，是否能提供良好的售后服务。目前国内保险公司的一些售后服务主要是由合作的代理机构完成的。例如说这个保险代理人有没有固定的办公地点，有办公地点的一般多为保险公司的正式员工，没有固定办公地点的，很可能是在保险公司兼职的工作人员，这样他们的业务水平和精力肯定是不一样的。

选取代理人其实更多考的是投保者看人的能力，因此，有投保意向的投保者最好是尽可能多地和保险代理人进行接触，这样才能真正了解到对方是否是个称职的保险代理人。

11.
不同人群对保险的选择大不同

在进行投保时，不同年龄段的人群对保险的选择是存在差异的。由于“60后”、“70后”、“80后”这三个年龄段人群在社会和家庭中扮演着不同的角色，因而他们在配置保险时也是各有侧重。

对于“60后”人群，最大的风险来自于疾病，重点在健康险。此外，“60后”人群还需要考虑退休后的生活保障，因此养老规划也是必须尽快解决的问题。在经济条件允许的情况下，重大疾病险保额尽量高一点，最好能够达到30万元。“70后”是社会的“夹心层”，需要重点考虑健康风险以及养老需求，从整个家庭的角度来选择保险产品，保险额度可以达到家庭年收入的6倍到10倍，保费金额则应占家庭总收入的10%左右。“80后”正处于事业上升期，面对的社会压力和挑战相对较大，加上“80后”大多是独生子女，更应做好自己照顾自己的准备、照顾好孩子和老人的准备。如果想要获得较完善的保障及较高的保障额度，就需要选择更长的交费期，用每年较低的保费换取一个总体的综合保障。

如果投保者具有较高知识水平，这类人对保险多少都有一些了解，并不感觉陌生。他们在求学过程中，必定感受到保险课程较以往更受重视。随着生活品质日益提高，人们所能拥有的东西较以往多出许多，担心的问题必然也会增加许多。例如以前的人，买不起汽车，就不用担心汽车被偷，但在社会物质进步的同时，人们就得面临更多的危机。其实这就是一种规律：汽车多了，交通事故就频繁，发明了飞机，空难的忧虑也就接踵而至了。这些都证明了即使社会再如何的进步，还是消灭不了存在于人们周围的危险。也正因此，保险受重视的程度将大幅提升。有这些担心的人们可能会购买一些意外险种，担忧自己老年时的生活质量问题的人们会购买养老保险。同时由于他们大多数人经济上较为宽裕，所以他们对理财型的保险产品也是比较感兴趣的。

如果投保者比较关注新闻，这类人喜欢看报纸、电视，浏览网页。他们在不经意间就会看见，生活中许许多多的人因意外事件不幸身故，而这些不幸的人，有些已经加入保险，有些却没有，也许在这些人中，有些曾认为保险对于他们是不需要的。而今，他们是真的再也不需要了！一时的敷衍搪塞，造成终生的遗憾，真令人感到惋惜！

其实，像上面两类人群是比较容易接受保险的，保险代理人只需向他们推荐适合他们的产品就行了。

俗话说得好“病来如山倒，病去如抽丝”。近年来，随着国内经济的不断发展，环境污染问题日益严重，重大疾病频发，平日里健康的人可能都难以幸免了。防患于未然，重大疾病险应时而生。险种无好坏，适合自己的才是最好的。不同人群挑选大病保险的侧重点有所不同。

男性在选择大病保险产品进行投保时，其保障额度要做足。男性工作压力大，经常加班，外出应酬，吸烟喝酒，多数处于“亚健康”状态。考虑到男性往往是家庭的经济支柱，建议家庭在制定大病保险规划时，优先为男性选购适合的大病保险。男性购买大病保险，保额要做足。根据最近的统计，重大疾病治疗费用至少在 10 万元以上，甚至有些可达 20 万元 ~ 30 万元以上，因此男性购买 10 万元到 20 万元的保额比较合适。大病保险缴费方式可以自由选择，建议男性选择年缴保费。这样每次交费相对较少，每年几千元，普通家庭还是可以承受的，不会给个人和家庭带来太大的负担。

女性在选择大病保险时需格外关注女性特殊疾病。现代女性既要打拼事业，又要照顾家庭，压力极大。且女性体质特殊，罹患重疾的可能性大。女性不妨在社会保险的基础上，购买适合的大病保险。女性在挑选大病保险时，需格外关注保障范围，查看是否包含常见的女性特殊疾病，如乳腺癌、宫颈癌、卵巢癌、女性原位癌等等。有针对性地挑选保险产品，进而获得专属女性大病保险保障。若您的经济收入一般，手头积蓄较少，不妨购买含重疾保障的消费型卡单式产品。这样既有重疾保障，又有意外呵护。

为孩子选择大病保险产品其保障期限不宜太长。儿童患大病的概率也很高，尤其是在雾霾天气的影响下更为常见。不妨在大人保障完善后，为孩子挑选适合的大病保险。考虑通胀等因素，现在花较高金额为孩子投保到60岁甚至百岁时可领取保险金的产品，在额度上可能并不能很好地满足几十年后孩子的所需。因此给孩子购买大病保险，保障期限不宜太长，可集中在孩子成年前。此外孩子成长较快，每一阶段面临的重大疾病威胁均有所不同，建议您在为孩子挑选大病保险后，每隔三五年打开保单检查一下，看看是否有必要追加保额。

老人选择大病保险时，建议选择消费型卡单式产品更划算。老年人身体抵抗力差，患重病的概率较大。老年人购买重疾险受制约因素较多，且极易出现保费“倒挂”现象，即投保者缴费期满后，所缴纳的总保费之和要大于所获得保障。考虑到这一情况，不建议单独给老年人购买大病保险。如果您希望让老人享受大病保险保障，不妨为其挑选消费型卡单式产品，既有意外保障又有重疾呵护。此类保险一般为一年期的，在为老人投保后，要注意及时续保，以防安全“空挡”的出现。此外在为老年人购买此类保险时，要如实告知既往病史，以免后期理赔出现问题。

在购买其他保险时，不同人群的购买方向也应该是有区别的，即使是同一人群，因为所处的环境不同，购买的保险产品也应该有所不同。要合理安排您的保险计划，使其达到经济最优。

12. 选择利益最大化的保险缴费方式

保险交费方式是指被保险人或投保者向保险公司缴纳保费的方式。人寿保险费的缴费方式有趸缴和分期缴付两种。趸缴就是投保者将保费一次缴清，其优点在于手续简单，但要求投保者一次缴纳数目很大的保费，一般的投保者难以负担，所以绝大多数的保户都采用分期缴费的方式。分期缴付一般按年、半年、季或月缴付，方式很多，投保者可以根据职业稳定状况及收入情况选择不同的方式。

保险缴费与每个投保者的经济利益密切相关。选择合理的保险缴费方式就是一种理财之道。目前购买保险时，保费缴付方式非常灵活多样，投保者可以自由选择适合自己的缴费方式。投保者选用哪种缴费方式，主要是根据自身的经济收支状况、收入的稳定程度、承受能力，以及投保者所追求的付出与保障的需求，综合考虑缴费期的长短选择。

在缴费方式上，并不主张投保者用“终身缴费”的方式来投保，义务期过于漫长，一般人都不太容易接受。另外，投保意外、健康类险种，基本上很少有图回报的想法，购买定期寿险，选择二三十年的缴费期，用较少的投入，将可能因意外、重大疾病而发生的重大家庭经济损失风险转由保险公司来承担是比较合理的。

目前的社会竞争激烈，工作极其不稳定，当投保者面对长达二三十年的缴费要求时，难免有些困惑，担心因为不能按期持续地缴费而导致保险单失效。因此，对于现在收入比较丰厚，但收入不够稳定的人来说，采取趸缴是比较稳妥的方法；选择限期年缴，需多次缴费，容易因家庭经济一时周转不济，无法继续缴纳保费而导致保险单失效，损害投保者及被保险人的根本利益。但对于收入稳定的人来说，如果采用限期年缴方式，并延长缴费期间，可以使缴费更加轻松，也可获得更大的经济保障。选择限期年缴时，各家保险公司一般提供有 5 年、10 年和 20 年等多种缴费期限。至于具体购买保险选用哪种缴费方式，主要是根据投保者的经济收支状况、承受能力，以及投保者所追求的付出与保障的需求比而定。

从支付角度讲，年缴和限期年缴最佳。年缴，即每年缴纳一次保险费，直至保险金给付责任开始的前一年。这种缴费形式时间跨度较长，有的可达几十年。这一缴费形式历时虽长，但每年所缴保费相对较少。限期年缴，即在签订保险合同时约定保费在一定年限内缴清。这种缴费形式除了具有年缴的优点外，还可根据投保者自己的经济承受能力，以及估计今后的收入状况来决定缴费期限。如果现在经济状况很好，就多缴点，缴费期限就短，否则，缴费期限就可拉长些。现在限期年缴的缴费形式用得比较普遍。

从保障角度考虑，选择长时间缴费较划算。购买保险根本上是为了寻求帮助和保障，而且保障额越高越好。付出一点点保费，一旦在出险时，就能获得充足的保障。这一点尤其适用于健康、医疗方面保险的购买，现在重大疾病的治疗以及其他一些医疗费用的开支相当大，一般人很难承受这笔医疗费用。如果被保险人以期缴的形式购买了健康、医疗方面的保险，一旦在缴费期内身染重疾，那么客户可能只需支付实际保费的几分之一甚至几十分之一的费用，即可享受高额的医用保障，应该说相当合算。现在很多保险公司的保险产品都能做到无论从保障内容、保障额度，还是在缴费方式上都能很好地满足投保者的需求，选择的空间是非常大的。

30 年缴时间太长，而 5 年缴费用又太高，收入不稳定或者需要用钱的地方太多，这是很多客户在准备办理保险时都会面临的问题，客户不知道如何选择缴费方式来实现利益的最大化。现在的保险条款给投保者提供的缴费方式非常灵活：月缴、季缴、半年缴、趸缴（一次缴清）、3 年缴、5 年缴、10 年限缴、20 年限缴、30 年缴等多种缴费方式。一般说来，选择月缴、季缴或者半年缴费方式的客户并不是很善于理财或者是收入并不是很高，通常是收入比较低的各类人员及刚参加工作不久的人，他们不能把钱很好地攒起来，通过分多次的缴费来实现强制储蓄的效果是很不错的。趸缴即一次缴清的意思。选择这种缴费方式的客户一般是家庭经济生活比较富裕的一类人群，为了避免期缴的麻烦，觉得一次性解决方便，也可能是彩票中了大奖、得到一笔继承的遗产、家庭资产分配、做生意一下赚了很多钱或者是上了年纪的老人，此类人群短时间的资金比较宽裕而又担心未来不小心花掉了，选择一次性缴清就可以免去以后的缴费烦恼，并可以享受更好的保险利益。就目前掌握的数据来分析，3年或5年缴这种缴费方式的客户一般是个体商户或者是拥有比较充足资金的一类客户，一般此类客户大多可以知道未来3到5年间自己的资金拥有情况，但是更长一点的就很难看清楚，选择短期投入之后就可以免去后顾之忧，为自己、为家庭提供更好的保险保障计划。而选择10年、15年、20年、30年缴的方式其实都属于长期一类，从经验数据来看，选择这种缴费方式的客户大多是收入以及职业比较稳定的上班族，通过比较长期的投入，既不会给自己现在生活带来经济压力又能实现家庭的综合保险保障计划。

以某保险公司的一款保险产品举例说明如下：某客户小张为28岁男性，20万元的保额选择20年交费，每年交8310元，共计交费166200元。每年交费多，分红相应会多一点。若选择30年交费，每年交6090元，共计交费182700元。30年缴费要比20年缴费多出16500元，但是30年缴费每年可以少缴2220元，从资金时间价值的角度看，还是30年缴费更划算一些。但是有的人可能会觉得30年太长，不知道自己哪年一忙就忘记了，从忘缴保费的风险来看，还是20年缴费更小一些。当然还有一点要注意的是，既然是保险，保障很重要，因为您不知道自己会不会发生风险，也不知道何时会发生风险，如果在第21年发生风险的话，那么赔付15万元后，合同终止。选择20年交费的话，钱就都缴完了。选择30年交费的话，第21年发生风险，后面9年的保费不需要再交了。

看完这个例子后，大家在选择缴费方式和缴费期限时，应尽量根据个人的经济情况和生活情况进行选择最为有利的缴费方式。

13. 签保险合同要仔细

投保者在有购买保险产品意向后首先要谨慎挑选保险公司，在挑选保险公司的时候，应注重该公司的实力、规模以及运营能力，因为这关系到保险公司资金的运营、投资和理赔能力。还可以询问接受过理赔的朋友，他们的建议具有重要的参考价值。前面提到过准备投保时要认真检查保险代理人、经纪人的资格证书和展业证明，现实中经常有买保险时找得到人，索要保险赔偿时找不到人的事情发生。投保者必须确认保险公司具备保险监督管理部门规定的资格条件，并确认自己在发生保险事故时能够获得保险赔偿金款项。

前期工作做好后，您就可以开始挑选适合自己的保险产品，并与保险公司签订相关保险合同。投保者应最大限度做到合理规划好自己和家庭的保障计划。保险公司一般针对不同的保险对象有很多险种合同，购买者应根据保险的对象是人身或者财产详细科学地选择适合的保险合同，不要盲目听从保险人员的推销性产品介绍。

确定购买的保险产品后，在签订保险合同之前，投保者要仔细阅读和研究合同条款的内容。由于保险产品大部分是标准化的产品，因而目前大部分保险合同都是由保险公司出具的格式合同。签约之前投保者要仔细阅读和研究合同条款，对于不懂的内容，可以要求保险公司做出明确解释，并将解释内容形成文字作为合同附件，成为履行合同和解决纠纷的重要依据。对于签约前保险业务员只提供产品说明书，不出示保险合同、保险费率及其他相关资料的，投保者应拒绝从这个保险代理人处购买保险产品。针对一些专业性强的格式条款，要特别注意向有关专家请教，避免因不懂专业而糊涂签约的现象发生，最大限度避免投保者的权益受损。具体步骤如下：

第一步：核实常规信息。尽管保险合同一般长达数页，内容也比较繁杂，但是作为一份规范的商业合同，很多条款还是可以让人一目了然的。所以投保者在拿到保险合同之后要做的第一步就是核实合同中的各种基本信息，比如被保险人和受益人姓

名、联系方法等基本信息。此外，如有必要投保者还应该确认一下保险合同的真实性，途径则有两个：一是通过保险公司热线电话和官方网站来核实；二是通过专业代理人（经办代理人和其他代理人）来核实。

第二步：明确保险责任。在核实完保险合同中的基本信息之后，就需要阅读合同条款中的保险责任条款。要仔细阅读保险合同条款，弄明白重要条款的含义，其中保险责任条款、责任免除条款、保费条款、保费金额条款和现金价值等条款一定要特别关注，此外还要进一步理清投保者和被保险人的权利和义务。如果投保金额比较大，必要的时候可以请专业人士提供一些参考。保险责任条款主要描述保险的保障范围与内容，即保险公司在什么情况下须理赔或如何给付保险金。这也是投保者向保险公司购买保险产品后的核心利益。这里要特别提醒一下，投保者在浏览保险合同条款时，特别要注意认真阅读除外责任条款，这些条款列举了保险公司不理赔的几种事故状况，投保者在购买保险后要回避这些状况的出现。

第三步：注意保险合同中关键节点。保险合同当中很容易让人犯晕的就是几个保险期限的规定和作用，不少投保者因为没有留心这几个保险合同的关键节点，从而导致不能很好地使用自己的保险权益。

保险空白期：是指从投保者缴纳保费到保险公司出具正式保单之前的这段时间。在这期间保险公司不承担保险责任，也就是说投保者虽然已经交了钱但还没有真正完成“投保”。

保险观察期：又称等待期，是指在保险合同生效后的一定时期内（一般为 90 ~180 天）。在这期间保险公司也不承担责任。大部分医疗保险单有观察期的规定。

保险犹豫期：是指在投保者签收保险单后一定时间内（一般为 10 天），对所购买的保险不满意，可无条件退保并且拿到相应的退还保费。所以说买保险并不是一锤子买卖，投保者如果发现不合适还可以及时退保。

保险宽限期：是指在首次缴付保险费以后，如果投保者在各期没有及时缴费，保险公司将给予投保者 60 天的宽限期，投保者只要在宽限期内缴纳了保险费，保险合同就继续有效。这也就是说投保者万一忘记及时缴纳保费并不会使得保单立刻失效，投保者还将有一段补救的时间。

第四步：了解退出机制。退出机制主要是指合同关于退保的各种规定。大部分保险可以在 10 天的犹豫期中全额退款，而在犹豫期过后，投保者也可以在任何时候要求解除保险合同，并得到相应的款项，只不过是不同情况下得到的保费多少会不相同。目前市场上的保险合同主要有如下几种中途退出的方式：一是退保，投保者停止交费并且需要领回现金的话，退还的额度则根据保险合同的现金价值而定；二是减额付清，投保者停止交费但不要求领回现金，而是让保险继续有效，但保障范围可能会相应缩小；三是保单质押，在正常的保险期间，投保者需要向保险公司借款，一般可以得到相应保险账户现金价值 70% 左右的借款，在此期间投保者仍然可以享受保单上的保障。

第五步：研读对被保险人的有关规定。投保者对被保险标的不具有保险利益的，保险合同无效。《保险法》第 54 条规定，投保者不得为无民事行为能力人投保以死亡为给付保险金条件的人身保险。所谓无民事行为能力人，根据我国《民法通则》规定，是指精神病患者、酗酒、吸毒和16岁以下的未成年人。《保险法》第55条规定，以死亡为给付保险金条件的合同，未经被保险人书面同意并认可保险金额的，合同无效。但是，父母为其未成年子女投保的人身保险，不受上述两项规定的限制。但父母为其未成年子女投保以死亡为给付保险金条件的合同，其保险金额不得超过5万元。

第六步：研读受益人的指定与变更。《保险法》规定，受益人可由被保险人或者投保者指定。投保者指定受益人须经被保险人同意。被保险人为无民事行为能力人或者限制民事行为能力人的，可由其监护人指定受益人。投保者变更受益人时须经被保险人同意。同时，投保者最好将投保情况如实告知受益人，并将保险合同复印一份交由受益人进行保存。

第七步：看清缴纳保险费的期限。投保者要负担并准时缴纳保险费。一般保险公司都允许投保者有一个宽限期，大多数为60天，作为缓冲时间用来筹措资金缴纳保费。

第八步：注意最大诚信原则。保险公司在承保之前，会就有关重要事项要求投保者书面告知。如：是否有不良嗜好、健康状况、家庭及职业状况等。保险公司在核保审查时，投保者陈述的情况符合投保条件，才可投保，否则会加费或拒保。需要指出的是，“最大诚信”责任发生在保单发出之前。保单正式发出后，发现被保险人有很严重的健康问题，并由此而发生保险事故，保险公司也会赔偿。

需要说明的是，投资者如实填写投保单并亲自签名或签章，对于保单上要求填写的内容投保者要如实填写，不得欺瞒，以免在索赔时保险公司以此作为拒绝赔偿的理由。无论是投保单、健康告知书、保单回执或是其他有关文件，投保者都要认真阅读填写并亲自签章或签字，千万不要让保险代理人、朋友或其他人代签，以免日后发生纠纷，得不到保险公司应有的赔偿。同时，在缴纳保险费时，要向营销员索要保险公司出具的正规收据，缴费的收据是保险合同的重要文件，要做到不见收据不交钱。如果保险公司接受了投保者的投保要求，投保者会拿到保险公司签发的正式保单。如果保险公司拒保，则保险公司会将所收保费退还给投保者。拿到保险单，一切办妥之后，要认真保管好自己的保险合同，最好再次仔细审阅保险合同上的每一条款，确认是否与自己之前的要求一致，若有出入，应在犹豫期内立即向保险代理人或保险公司咨询，将疑惑解释清楚。

14.

学着与保险公司博弈

购买保险之前要明白保险对自身的重要性，要根据自己的情况，确定最需要什么样的保险。不要盲目跟风，要知道为什么买，这样您才能更好地进行保险理财。保险是家庭理财规划中不可缺少的一部分，在家庭经济主要来源者发生意外时，保险的作用就显现出来了，它能在这种情况下保证家人的正常生活，并将家庭经济损失降到最低。

某报记者日前在广州某村进行随机采访时发现，当地的不少老年人收入较低，仅靠微薄的退休金维持生活，对于五花八门的保险理财产品，大多“一问三不知”。尽管老人们保守谨慎，但知识的缺乏还是让他们屡屡吃亏。相当一部分的老人更是直言不知道“储蓄变保险”的危害，但他们往往在自己还不清楚的情况下，就稀里糊涂地购买了保费高、保障少的保险产品。

在保险销售的误导案例中，保险公司的业务员往往不给您讲这份保险的保障功能，而只滔滔不绝地讲述它的理财功能，大多数还会过分渲染高回报，甚至将保险说成是固定收益类产品，隐瞒费用扣除，同时将长期保险说成短期保险。而且在利益驱动下，不少保险公司业务员按捺不住“忽悠”的冲动，有意不把保险产品讲解清楚。而保险代理人的误导情形，在遇到问题时取证过程比较困难，又为保险代理人增添了行骗的底气。只要保险公司代理人整体素质仍旧比较低，业务驱动的薪酬体系保持不变，保险产品的销售误导就会长久存在下去，难以杜绝。

那么如何才能在与保险公司的博弈中取得最大的利益呢？当然是“知己知彼，百战不殆”。如果您已经不慎被买了保险并非没有补救的办法，期限在一年以上的保险产品都设有犹豫期，即自投保者收到保险单并书面签收之日起十天内，可以申请退保，保险公司在扣除一定工本费之后将实际缴纳的保费退还给投保者。

这里特别提醒老年朋友，如果您想买保险，最好和子女一起去了解保险合同的具体内容，搞清楚对自己是否有帮助；另外，对于期缴的保险产品，还要考虑自己的经济实力能否应对，因为不能续费而退保的成本是相当高的。

下面再向您介绍一下代表保险公司与您正面交锋的保险代理人情况。保险代理是指根据保险人即保险公司的委托，向保险公司收取代理手续费用，并在保险公司授权范围内代为办理保险公司保险业务的行为。保险代理人是保险市场上从事保险代理业务的经济个体。现在还存在一些保险代理人忽视业务质量、短期化行为倾向严重、违规行为频繁发生的现象，这也是保险公司面临经营成本高、业务质量差、客户关系紧张的重要原因。这些保险代理人的低认可度、低专业性与高流动率，阻碍了保险代理人行业的健康发展，恶性竞争行为与浮躁的行业氛围致使行业形象低下。

目前保险公司的薪酬制度是典型的佣金制，保险代理人的薪酬大致由以下几部分构成：佣金、津贴、赠员奖、责任底薪、年终奖金。佣金是保险公司给予保险代理人销售保单的奖励，按所售出险种保单的不同也会有不同的佣金奖励。佣金制是国际上保险行业的通行做法，佣金是保险代理人应得的劳动收入，每销售一张保单保险代理人可得到所收保险费的20%~30%的佣金，根据险种的不同，佣金数额也不等。保险公司的保险产品设计大体上分为三类：一类是对保险公司有利，一类是对保险代理人取得佣金有利，还有一类是对投保者较为有利的。但是大多数保险代理人都会向您推荐第二类保险，您要练就火眼金睛找到第三类保险，使自己的利益最大化。

保险代理人的津贴分为管理津贴和育成津贴。其中的管理津贴会由于保险代理人级别的不同而有所差异，而育成津贴简单地讲就是保险代理人发展的下线人员所做的业务他也可以参与分红。

通常保险代理人都会有责任底薪，在不同保险公司有不同的发放方式和标准。高的责任底薪可能会吸引一批能力素质较高的业务人员，当然也有可能责任底薪会使一部分人工作无压力，做业务时动力不足。所以通常此类薪酬只针对新人，或者试用期的业务员，资深业务员和正式业务员没有。不同公司给予新人的责任底薪是不同的，依业绩大小发放。新人必须在每月开单（或者开单业绩达到多少），没有开单的新人是没有责任底薪的。对新人的这种政策通常使用3至6个月。

保险公司年终奖金分为个人年终奖金、小组年终奖金和部门年终奖金。个人年终奖金每个保险代理人均能享受，小组年终奖金为业务经理以上职级（含业务经理）的保险代理人可享受，部门年终奖金为部门经理以上职级（含部门经理）的保险代理人可享受。

保险代理人薪酬制度中的津贴、增员奖、年度展业奖、续保奖等，均以佣金为基础，其实也就是以保费收入为基础。由此可见，保险代理人的佣金主要由所收保费决定，不论是每月佣金还是年底奖金，均要与业务员所收保费挂钩，而且展业所得的首期保费更是决定佣金收入的关键。目前保险代理人薪酬现状中存在的负面动力有：首年高佣金率制度诱发了短期行为。不同产品、不同期限、不同缴费方式的佣金不同，但各个险种的首期业务佣金最高，有些能达到保费的30%～40%，续期佣金则逐年递减，一般支付3～5年。这种佣金提取机制虽然有利于调动保险代理人拓展新业务的积极性，但也极大地诱发了保险代理人的道德风险，原因有以下两点：一是保险代理人的报酬收入与其承担的风险不相匹配。合理的委托代理契约应该让保险代理人承担一部分结果不确定的风险，但是现行的佣金提取机制只注重激励保险代理人收取保费，忽略了保险代理人理应承担的由其行为导致的退保、投诉等不确定风险。二是约束机制长期缺位，保险代理人的违规成本太低。保险公司作为委托人对保险代理人的违纪行为缺乏有效的经济约束手段，保险代理人市场退出的机会成本很小，这在客观上也诱发了保险代理人片面追求保费收入，并且频繁在保险公司间跳槽和随意进行职业转换的行为。目前保险代理人短期行为大致表现为：只注重在展业期间殷勤周到地为客户服务，而在后续期则不管不问。有的保险代理人花言巧语诱导客户投保，而不顾投保者是否真正有此需要或有能力支付保费；还有的甚至欺骗客户，把自己的保单说得十全十美，样样都保，而在出现索赔时使客户蒙受损失。保险代理人这样做的目的只为赚取首期佣金，却严重损害了投保者的利益。事实上，即使保险业十分发达的国家，也都沿用着这种保险代理人佣金制。因为保险业的发展依赖于新保单的产生，只有通过这种“头重脚轻”的方式，才能激励代理人不断开发新的业务。所以投保者要想在博弈中取得优势，避免由于投保错误而影响自身的保险利益，应尽量避免从短期业务人员那里购买保险，使自己的保单成为孤儿单，这样会影响今后的理赔工作的顺利进行。

信息与交流是投保者付诸行动的重要影响要素之一，要经常与买了保险的亲戚、朋友进行交流，要认真做好信息交流工作。吸取别人的经验教训，做好自己的保险规划，以不变应万变。如果有一天您发现自己上当之后，首先要克制自己的情绪，不要冲动，很多人此时的第一反应就是立即去找保险代理人或是找保险公司讨个说法，其实这样做很容易打草惊蛇，引起对方的戒备，以后再想找对方取证就难了。而且您这样贸然的无备而往，人家只要简单地反问一句“证据呢？您凭什么认定自己当初是被误导的？”很可能就会让您哑口无言，是啊！没有证据，再怎么愤怒也是没用的，总不能无理取闹吧？聪明人不打无准备之仗，所以，去之前一定要先做好准备工作。

首先，要通过上网或者其他方式对自己手中的这张保险单以及合同进行一番透彻的研究，搞清楚各项条条款款的真实意思，同时仔细回想：自己是何时、何地购买的这份保险？对方的身份是什么？对方当时所叙述的内容与该险种及合同的真实内容有哪些出入？具体在哪些地方有误导、欺瞒的行为？电话回访对方是怎么进行提问的？自己又是如何回答的？合同是否为本人亲笔签名？有没有抄写“风险提示”的相关内容等等。总之，要尽可能多的找出对方可能存在的违规之处，务必要做到心中有数。接下来是维权过程中最为重要、也最为关键的一个环节：取证，有了足够的证据，至少预示着您已经成功了一半。具体操作如下：找到当初卖给您保险的那个保险代理人，以要进行再次咨询为由，或者借口想给家人再购买一份相同的保险，让他从头至尾再详细讲解一遍，同时要全程录音，当然能录像是最好的。在此过程中不妨找一些重点问题来问，如：这个保险产品一定能比银行收益高，是吧？到底有没有风险呢？中途我如果缺钱，需要取钱的话，会不会有太大损失呢？这个保险产品真是无偿赠送吗？等等。总之，之前是他误导您，而此时您要做的，就是要误导他、让他继续误导您。然后带着证据去找保险公司，很多保险公司在一开始都会推脱责任，如这是保险代理人卖给您的，公司不了解情况，与公司无关，您需要先找保险代理人，或者说这名保险代理人已经不在这里就职了等等很多理由来搪塞您。这时候千万不要被保险公司所误导，否则您会走很大的弯路。因为保险代理人都是代表保险公司进行保险产品的销售，所以直接找保险公司要快捷得多。保险代理人中有很多都是道行极深的“老江湖”，无论从脸皮子、嘴皮子还是心理素质方面，您可能都不是他们的对手，很多时候纵然您铁证如山，也不见得能抵住对方的死皮赖脸、百般狡辩，所以一定要坚持以保险公司为首要阵地，出于保险公司的信誉问题和未来发展，他们会和保险代理人解决问题的。千万不要傻乎乎地去找保险代理人，最后被他的一些行为气坏，乱了方寸，那就全盘皆输了。

网络维权也是一条不错的途径。通过网络发帖、号召更多人跟帖、转帖的方式对保险公司形成一定的舆论压力，为了增加说服力，最好把您所获取的证据（如录音录像、照片）一起传到网上。曾经有一个网名“准妈妈”的网友，一开始和保险公司多次交涉无果，后通过这种方式维权，最终她的帖子被某知名贴吧的吧主人工置顶，造成了很大的社会影响，结果保险公司主动去找她解决问题了，对此大家可以借鉴一下。但一定是在有确凿证据的情况下，千万不要一怒之下发了帖子，因没有确凿的证据，最后被保险公司反咬一口，这样就得不偿失了。

还有一种方式就是找新闻媒体帮忙。新闻媒体具有时效性、权威性、传播快、影响力大等优点，保险公司对此还是较为顾忌的，所以这一招的有效率基本也能达到80%以上，当然也有个别的保险公司“死猪不怕开水烫”，骗销丑闻都已经满天飞了还可以摆出一副“无所谓”的臭脸。联合其他受害者一起维权：在网上搜一下，会发现有很多保险受害者自发组成的“QQ群”，加入群、寻找与自己遭遇类似、同一地区、同一险种的群友并参与聊天，“团结就是力量”“群众的智慧是无穷尽的”，通过相互之间的交流与沟通，您可能会有意想不到的收获。

15.

意外险——对家人最好的爱

人身意外无处不在，人人都需要人身意外伤害保险，在投保了综合意外险之后，一定要为自己投保保额充足的人身意外伤害保险。经常出差的人士，应该投保一份交通工具综合意外险，能够额外增加乘坐飞机、火车、轮船、公共汽车及出租车的保障。经常外出旅游的人则要特别关注旅游意外保险。而喜欢自驾出行者，若是担心出门旅行过程中发生意外疾病，则可以选择带有意外医疗保障的意外伤害综合保险。如果您是“朝九晚五”的上班族，每年只是偶尔出门，意外发生的概率比较小，只需每年投保一份额度适中的人身意外险就可以了。

保险产品是针对不同人群、不同保障范围而专门设计的。怎样购买合适，还要结合自己的实际需求而定。意外伤害保险是以意外伤害而致身故或残疾为给付保险金条件的人身保险。这里所说的伤害亦称损伤，是指被保险人的身体受到侵害的客观事实，由致害物、侵害对象、侵害事实三个要素构成。而这里所说的意外是就被保险人的主观状态而言。

被保险人事先没有预见到伤害的发生，可理解为伤害的发生是被保险事先所不能预见或无法预见的；或者伤害的发生是被保险人事先能够预见到的，但由于被保险人的疏忽而没有预见到；伤害的发生违背被保险人的主观意愿。意外伤害必须符合以下要件：

(1) 外来因素造成的伤害，是指由于被保险人身体外部原因造成的事故，如车祸、被歹徒袭击、溺水、食物中毒等。

（2）突发的伤害，指在瞬间造成的事故，没有较长的过程，如落水、触电、跌落等。而职业病是由伤害逐步形成的，而且是可以预见和预防的，故不属于意外事故。

（3）意外发生的伤害，指被保险人未预料到和非本意的事故，如飞机坠毁等，另有一些事故虽然可以预见或避免，但由于无法抗拒或履行职责不得回避，也应列入“意外”范围，如轮船着大火被迫跳海逃生，见义勇为与歹徒搏斗而负伤等。

（4）非疾病所致伤害，是指非疾病原因所致且事先无法预料的伤害，如意外摔伤导致的粉碎性骨折、意外被狗咬伤而导致的狂犬病发作。与它相对应的疾病所致伤害，虽不是本人事先所能预料的，但它是人体自身产生的结果，不属于意外事故，如脑溢血发作不省人事。

（5）身体受到伤害，意外伤害的对象必须是被保险人的身体所属部位，且伤害事实成立。意外伤害保险的基本内容是，投保者向保险公司缴纳一定金额的保险费，如果被保险人在保险期限内遭受意外伤害并以此为直接原因或近因，在自遭受意外伤害之日起的一定时期内造成死亡、残废、支出医疗费或暂时丧失劳动能力，则保险公司给付被保险人或其受益人一定量的保险赔偿金。

意外伤害保险的保障项目包括死亡给付和残废给付。意外死亡给付和意外伤残给付是意外伤害保险的基本责任，其派生责任包括医疗给付、误工给付，丧葬费给付和遗族生活费给付等责任。保险事故发生时，死亡保险金按约定保险金额给付，残废保险多按保险金额的一定百分比给付。意外伤害保险的纯保险费是根据保险金额损失率计算的，这种方法认为被保险人遭受意外伤害的概率取决于其职业、工种或从事的活动，在其他条件都相同时，被保险人的职业、工种、所从事活动的危险程度越高，应交的保险费就越多。意外伤害保险的保险期较短，一般都不超过一年，最多三年或五年。

需要指出的是，意外伤害保险中的责任准备金按当年保险费收入的一定百分比计算，与财产保险相同。

意外伤害保险合同中都有不可保意外伤害的规定，当然也可理解为意外伤害保险的除外责任，即从保险原理上讲，保险公司不应该承保的意外伤害，如果承保，则违反法律的规定或违反社会公共利益。目前各大保险公司的不可保意外伤害一般包括：被保险人在犯罪活动中所受的意外伤害，被保险人在寻衅殴斗中所受的意外伤害，被保险人在酒醉、吸食（或注射）毒品（如海洛因、鸦片、大麻、吗啡等麻醉剂、兴奋剂、致幻剂）后发生的意外伤害，还有由于被保险人的自杀行为造成的伤害。对于不可保意外伤害，保险公司会在意外伤害保险条款中明确列为除外责任。

如果意外伤害保险合同中有特约保意外伤害的规定，则是指从保险原理上讲虽非不能承保，但保险公司考虑到保险责任不易区分或限于承保能力，一般不予承保，只有经过投保者与保险公司特别约定，有时还要另外加收保险费后才予承保的意外伤害。目前保险实践中的特约保意外伤害主要包括：战争使被保险人遭受的意外伤害，被保险人在从事登山、跳伞、滑雪、赛车、拳击、江河漂流、摔跤等剧烈的体育活动或比赛中遭受意外伤害，核辐射造成的意外伤害和医疗事故造成的意外伤害（如医生误诊、药剂师发错药品、检查时造成的损伤、手术切错部位等）。

除了不可保意外伤害、特约保意外伤害以外的保险范围，均属一般可保意外伤害的保险范围。

意外伤害保险的责任是保险公司因意外伤害所致的死亡和残废，不负责疾病所致的死亡。只要被保险人遭受意外伤害的事件发生在保险期内，而且自遭受意外伤害之日起的一定时期内造成死亡残废的后果，保险公司就要承担保险责任，给付保险金。被保险人遭受了意外伤害是指：被保险人遭受意外伤害必须是客观发生的事实，而不是臆想的或推测的。被保险人遭受意外伤害的客观事实必须发生在保险期限之内。被保险人死亡即机体生命活动和新陈代谢的终止。在法律上发生效力的死亡包括两种情况，一是生理死亡，即已被证实的死亡；二是宣告死亡，即按照法律程序推定的死亡。被保险人残废包括两种情况：一是人体组织的永处性残缺（或称缺损）；二是人体器官正常机能的永久丧失。至于被保险人的死亡或残废发生在责任期限之内的规定，责任期限是意外伤害保险和健康保险特有的概念，指自被保险人遭受意外伤害之日起的一定期限。投保者可以在意外伤害保险条款中订有失踪条款或在保险单上签注关于失踪的特别约定，规定被保险人确因意外伤害事故下落不明超过一定期限（如三个月、六个月等）时，视同被保险人死亡，保险公司给付死亡保险金，但如果被保险人以后生还，受领保险金的人应把保险金返还给保险公司。

需要说明的是，责任期限对于意外伤害造成的残废实际上是确定残废程度的期限。

意外伤害是死亡或残废的直接原因或近因包括：意外伤害是死亡、残废的直接原因；意外伤害是死亡或残废的近因；意外伤害是死亡或残废的诱因。当意外伤害是被保险人死亡、残废的诱因时，保险公司不是按照保险金额和被保险人的最终后果给付保险金，而是比照身体健康遭受这种意外伤害会造成何种后果给付保险金。

意外伤害保险属于定额给付性保险，当保险责任构成时，保险公司按照保险合同中约定的保险金额给付死亡保险金或残废保险金。死亡保险金的数额是保险合同中规定的，当被保险人死亡时如数支付。而残废保险金的数额由保险金额和残废程度两个因素确定。残废程度一般以百分率表示，残废保险金数额的计算公式是：残废保险金 = 保险金额 × 残废程度百分率。

在意外伤害保险中，保险金额同时也是保险公司给付保险金的最高限额，即保险公司给付每一被保险人死亡保险金、残废保险金累计以不超过该被保险人的保险金额为限。

目前实际销售中的意外伤害保险产品按投保动因分类，可分为自愿意外伤害保险和强制意外伤害保险。按保险危险程度分类，可分为普通意外伤害保险和特定意外伤害保险。按保险期限分类，可分为一年期意外伤害保险、极短期意外伤害保险和多年期意外伤害保险。按险种结构分类，可分为单纯意外伤害保险和附加意外伤害保险。

意外伤害保险的保险费计算原理近似于非寿险，即在计算意外伤害保险费率时，应根据意外事故发生频率及其对被保险人造成的伤害程度，对被保险人的危险程度进行分类，对不同类别的被保险人分类，对不同类别的被保险人分别制定保险费率。一年期意外伤害保险费的计算一般按被保险人的职业分类而确定，在实际操作中一般称作划分工种档次。而对不足一年的短期意外伤害保险费率计算，一般是按被保险人所从事活动的性质分类，分别确定保险费率。极短期意外伤害保险费的计收原则为：保险期不足 1 个月，按 1 个月计收，超过 1 个月不足 2 个月的，按 2 个月计收，以此类推。因为短期费率高于相应月份占全年 12 个月的比例，而对有一些保险期限在几星期、几天、几小时的极短期伤害保险来讲，保险费率往往更高。

意外伤害保险的投保方式比起其他保险来说，投保的程序还是比较简单的。投保者可到专业保险公司销售柜面购买：填写投保单，保险公司收取保险费后出具保险凭证，保险生效。投保者还可以通过第三方网络保险平台在线投保。投保者在网上完成填写投保信息，保险公司通过电子邮箱或短信发送给客户电子保险凭证，保险生效。当然，投保者还可以联系有资质的保险代理人进行购买。很多投保者都有为自己服务的保险代理人，通过这个代理人购买还可以方便了解更加详细的信息。投保者通过有资质的代理机构购买也是不错的选择。目前很多保险公司将系统终端装置设置在代理机构，客户提供投保信息并向代理机构交付保险费后，代理机构通过保险公司系统打印保险凭证给投保者，保险生效。

16. 说说个人医疗保险

个人医疗保险是指个人利用各种保险工具搭建自身的医疗保障体系。个人医疗保险包括社会医疗保险和商业医疗保险。社会医疗保险是国家根据一定的法律法规，向保障范围内的个人提供患病时基本医疗需求保障而建立的社会保险制度，由雇主和个人按一定比例缴纳保险费，建立社会医疗保险基金，支付个人的医疗费用。个人只要每月把钱交给所在单位或相关部门便可。与社会医疗保险不同的是，商业医疗保险是指由保险公司经营的带有盈利性的医疗保险。投保者依一定数额缴纳保险金，遇到疾病发生时，可以从保险公司获得一定数额的医疗费用报销。

社会医疗保险具有低水平、广覆盖的特点，因而社会医疗保险只满足个人基本医疗保险需要，因而又称作基本医疗保险。目前基本医疗保险缴费和个人账户管理办法是：职工缴费部分，按本人上一年月平均工资的2%缴纳基本医疗保险费。职工本人上一年月平均工资低于上一年本市职工月平均工资60%的，以上一年本市职工月平均工资的60%为缴费工资基数，缴纳基本医疗保险费。职工本人上一年月平均工资高于上一年本市职工月平均工资300%以上的部分，不作为缴费工资基数，不缴纳基本医疗保险费。无法确定职工本人上一年月平均工资的，以上一年本市职工月平均工资为缴费工资基数，缴纳基本医疗保险费。规定施行后参加工作，累计缴纳基本医疗保险费男满25年、女满20年的，按照国家规定办理了退休手续，按月领取基本养老金或者退休费的人员，享受退休人员的基本医疗保险待遇，不再缴纳基本医疗保险费。规定施行前参加工作施行后退休，缴纳基本医疗保险费不满前款规定年限的，由本人一次性补足应当由用人单位和个人缴纳的基本医疗保险费后，享受退休人员的基本医疗保险待遇，不再缴纳基本医疗保险费。经劳动保障行政部门认定，职工的连续工龄或者工作年限符合国家规定的，视同基本医疗保险缴费年限。用人单位按全部职工缴费工资基数之和的

9%缴纳基本医疗保险费。基本医疗保险个人账户由下列各项构成：职工个人缴纳的基本医疗保险费、按照规定划入个人账户的用人单位缴纳的基本医疗保险费、个人账户存储额的利息。个人账户存储额每年参照银行同期居民活期存款利率计息。个人账户的本金和利息为个人所有，只能用于基本医疗保险，但可以结转使用和继承。失业人员不缴纳基本医疗保险费，个人账户停止计入，余额可继续使用。失业人员在领取失业保险金期间，按照失业保险规定享受医疗补助待遇。

由于社保有起付限制、不报销自费同时还有除外责任，因而购买商业医疗保险就显得十分必要了，可以提供充足、全面的保障。商业保险在实际运作时又称作医疗健康保险，是以被保险人的身体为对象，在遭疾病侵扰和受意外伤害而产生医疗费用、收入损失时，提供经济补偿或给付保险金。医疗健康保险按不同的给付种类分为重大疾病保险、医疗费用保险和收入补偿保险。重大疾病保险是在被保险人患了约定的重大疾病后，按照约定一次性给付保险金的保险。一般来说，重大疾病保险所承保的疾病都是对生命危害大，并且治愈率低的疾病。但需要注意的是，一些遗传性疾病目前并不在保险范围之内。而且，重大疾病保险都有一段观察期，因保险公司和险种的不同，观察期的时间长度也不尽相同。通常情况下的观察期有 60 天、90 天、120 天几种。某些特定的疾病还会单独列明观察期期限。在观察期内即使查出保险责任之内的疾病，保险公司也不负保险责任。从支付的赔偿金额来看，大病医疗保险是为保障城镇职工重大疾病医疗需求而建立的专项医疗保险基金，用于支付参加城镇职工基本医疗保险的参保人员年度内累计发生的超过基本医疗保险最高支付限额（4 万元）以上的医疗费用（不含应自付费用）。医疗费用保险有门急诊和住院医疗费用保险两种。前者一般限于意外伤害门急诊，因疾病引起的门急诊保险，目前只存在于某些团险中。住院医疗费用保险则分为意外住院医疗和综合住院医疗费用保险，对住院中发生的手术费、药费等医疗开支按比例给付。综合医疗费用保险，无论是因为意外或者疾病住院治疗，都将按合同给付保险金，故而费率比意外住院医疗要高。此类保险生效后通常有 1 个月的免责期，但因意外伤害而住院除外。有些慢性疾病如扁桃腺、疝气的免责期将特别规定，有的为 120 天。需要提醒的是，客户若重复投保医疗费用保险，理赔时各保险公司将遵循补偿原则，按比例给付，累积保险金总额不高于实际费用。收入补偿保险主要是为被保险人因住院医疗造成的收入损失做出一定补偿，以住院补贴保险为例，保险公司按照保险合同约定的每日住院补贴额度，乘以实际住院天数每天给付保险金。目前市场上，住院补贴最高每年不超过 180 天。有些公司还推出了重症监护病房的特别费用补贴。

需要说明的是，社会医疗保险部分同样有保障城镇职工重大疾病医疗需求而建立的专项医疗保险基金，用于支付参加城镇职工基本医疗保险的参保人员年度内累计发生的超过基本医疗保险最高支付限额（4 万元）以上的医疗费用（不含应自付费用）。凡参加基本医疗保险的参保人员，每年每人向市、区社会保险局缴纳 48 元大病医疗保险费，在发生超过基本医疗统筹基金最高支付限额以上的医疗费用，由社会保险部门按以下比例规定进行报销：4 万元以下部分报销比例是 85%，超过 4 万元

但不足8万元部分报销比例是90%，超过8万元以上部分报销比例是95%。每一医疗年度内，最高支付限额为人民币15万元。我国保险行业对重大疾病保险产品中最常见的25种疾病的表述进行了统一和规范，这25种疾病的名称如下：恶性肿瘤（不包括部分早期恶性肿瘤）、急性心肌梗死、脑中风后遗症——永久性的功能障碍、重大器官移植术或造血干细胞移植术——须异体移植手术、冠状动脉搭桥术（或称冠状动脉旁路移植术）且须开胸手术、终末期肾病（或称慢性肾功能衰竭尿毒症期）且须透析治疗或肾脏移植手术、多个肢体缺失且完全性断离、急性或亚急性重症肝炎、良性脑肿瘤且须开颅手术或放射治疗、慢性肝功能衰竭失代偿期但不包括酗酒或药物滥用所致、脑炎后遗症或脑膜炎后遗症且造成永久性的功能障碍、深度昏迷——不包括酗酒或药物滥用所致、双耳失聪且永久不可逆、双目失明且永久不可逆、瘫痪且是永久完全、心脏瓣膜手术且须开胸手术、严重阿尔茨海默病且自主生活能力完全丧失、严重脑损伤且造成永久性的功能障碍、严重帕金森病且造成自主生活能力完全丧失、严重Ⅲ度烧伤且至少达体表面积的20%、严重原发性肺动脉高压且有心力衰竭表现、严重运动神经元病且造成自主生活能力完全丧失、语言能力丧失且完全丧失并经积极治疗至少12个月、重型再生障碍性贫血、主动脉手术且须开胸或开腹手术。

其实，目前大部分省市都规定单位和职工个人必须遵循大病医疗费用社会统筹办法并按照规定缴费。以北京市为例，北京市的单位参加大病医疗保险需严格按照《北京市地方所属城镇企业职工和退休人员大病医疗费用社会统筹的规定》及相关的文件，参保范围是本市行政区域内的市和区县地方所属企业（以下简称企业）及其职工和退休人员。大病医疗统筹费用的管理办法是：企业（不含外商投资企业）以上年度全市职工月平均工资的6%，按企业在职职工人数按月缴纳；外商投资企业以上年度全市职工月平均工资的2.5%，按企业中方在职职工人数按月缴纳。企业职工月平均工资低于全市职工月平均工资10%以上时，以全市职工月平均工资的90%为基数，按前述规定的规定缴纳。个人缴费标准：以上年度全市职工月平均工资的1%按月缴纳大病医疗统筹费，由企业从职工工资和退休人员养老保险金中代为扣缴。报销范围是：符合基本医疗保险基金支付范围的医疗费用，按照本市规定的基本医疗保险药品目录、诊疗项目目录以及服务设施范围和支付标准报销。个人账户支付下列医疗费用：门诊、急诊的医疗费用；到定点零售药店购药的费用；基本医疗保险统筹基金起付标准以下的医疗费用；超过基本医疗保险统筹基金起付标准，按照比例应当由个人负担的医疗费用。个人账户不足支付部分由本人自付。

基本医疗保险统筹基金支付下列医疗费用：住院治疗的医疗费用；急诊抢救留观并收入住院治疗的，其住院前留观7日内的医疗费用；恶性肿瘤放射治疗和化学治疗、肾透析、肾移植后服抗排异药的门诊医疗费用。基本医疗保险基金不予支付下列医疗费用：在非本人定点医疗机构就诊的，但急诊除外；在非定点零售药店购药的；因交通事故、医疗事故或者其他责任事故造成伤害的；因本人吸毒、打架斗殴或者因其他违法行为造成伤害的；因自杀、自残、酗酒等原因进行治疗的；在国外或者香港、澳门特别行政区以及台湾地区治疗的；按照国家和本市规定应当由个人自付的。企业职工因工负伤、患职业病的医疗费用，按照工伤保险的有关规定执行。女职工生育的医疗费用，按照国家和本市的有关规定执行。基本医疗保险统筹基金支付的起付标准按上一年本市职工平均工资的10%左右确定。个人在一个年度内第二次以及以后住院发生的医疗费用，基本医疗保险统筹基金支付的起付标准按上一年本市职工平均工资的5%左右确定。基本医疗保险统筹基金在一个年度内支付职工和退休人员的医疗费用累计最高支付限额按上一年本市职工平均工资的4倍左右确定。在一个结算期（结算期按职工和退休人员住院治疗的时间，恶性肿瘤放射治疗和化学治疗、肾透析、肾移植后服抗排异药门诊治疗的时间设定）内职工和退休人员发生的医疗费用，按医院等级和费用数额采取分段计算、累加支付的办法，由基本医疗保险统筹基金和个人按比例分担。为减轻肾透析、肾移植、恶性肿瘤及精神病患者的负担，保证其基本医疗，某些药物将由基本医疗保险统筹基金进行支付。如肾透析患者在门诊因病情需要，所进行的检查、治疗及使用的相关药品；肾移植后抗排异治疗的患者，在门诊因病情需要，所进行的检查、治疗及使用的相关药品；恶性肿瘤患者在门诊进行放射治疗、化学治疗期间，因病情需要，使用辅助性治疗的中药费用也纳入基本医疗保险统筹基金支付范围。此外，精神病患者将获得更优惠的条件，精神病患者在精神病定点专科医院及综合医院精神科病房住院，一年内只收取一次统筹基金起付标准费用，并减收起付标准的50%。

职工和退休人员患病、非因工负伤一次性住院的医疗费用或者30日内累计医疗费用超过2000元的，属于大病医疗费统筹报销范围。但有下列情形之一发生的医疗费用不属于大病医疗保险范围：未经批准在非定点医院就诊的（紧急抢救除外）；患职业病、因工负伤或者工伤旧病复发的；因交通事故造成伤害的；因本人违法造成伤害的；因责任事故造成食物中毒的；因自杀导致治疗的；因医疗事故造成伤害的；按国家和本市规定医疗费用应当自理的。目前患者在医院看病时，凭国家统一发放的社会保障卡、医药费单据及住院费单据进行结账；医院在扣除了报销部分的金额后，患者自付部分则由患者自行结算。在医疗费用中，由大病医疗费统筹基金支付后的剩余部分，由企业和职工及退休人员个人共同负担。企业负担的部分不得低于70%。职工和退休人员患病住院治疗需要预付押金时，由企业统一垫付。企业垫付确有困难的，可以向区、县社会保险基金管理机构申请，在大病医疗费统筹基金中按比例垫付。

累积超出年度限额后，所发生的住院及门诊特定项目基本医疗费用，由重大疾病医疗补助金按95%比例报销，指定慢性病门诊基本医疗费用由重大疾病医疗补助金按相应规定的标准报销，最高支付限额为15万元。针对一些花费特别多的大病，在基本医保报销的基础上，再次给予报销，要求实际报销比例不低于50%。目前，国家全面推开尿毒症、儿童白血病、儿童先天性心脏病、乳腺癌、宫颈癌、重性精神病、耐药性结核病、艾滋病机会性感染等8类大病保障，将肺癌、食道癌、胃癌、结肠癌、直肠癌、慢性粒细胞白血病、急性心肌梗死、脑梗死、血友病、一型糖尿病、甲亢、唇腭裂等12类大病纳入保障和救助试点范围。而新农合大病医疗保险将农村儿童白血病、儿童先天性心脏病、重性精神疾病、乳腺癌、宫颈癌、终末期肾病、耐多药肺结核、艾滋病机会感染、肺癌、食道癌、胃癌、结肠癌、直肠癌、慢性粒细胞白血病、急性心肌梗死、脑梗死、血友病、I型糖尿病、甲亢、唇腭裂等20类重大疾病纳入保障范围。

医保报销的范围仅限于医保目录上的药品、检查、治疗方式、标准内的住宿费等。超出目录范围的项目，您必须自行支付，称为自费项目。而在目录上，部分项目的报销比例会有所不同。但您不需要过分担心，只要您办理入院手续时已经出示医保卡，根据有关规定，医生在开医保范围外的药品、检查等前，必须征求您的同意，并获得您的签字授权。同样的，门诊挂号时也应该出示医保卡，否则医生开出了医保目录外的自费项目，您是不可以用医保卡个人账户进行支付的。如果您是急症病人，需要补办手续的，请向医生声明您是医保参保人。如果您并不在乎钱，且对医保目录上的药品或项目有保留，期望使用自费药物或治疗的，也请向医生声明，否则医生会尽量给您开可报销的项目。住院治疗的朋友要注意：医保的报销范围仅限于住院期间费用及出院带药物的费用。之前的门诊检查和治疗费用是不能报销的。而出院后的检查及治疗费用也是不能报销的。如果您经过初步检查，已经确定要住院的话，尽量不要在门诊做过量的检查和治疗，尽快入院，入院后再详细检查和治疗。只有住院期间的检查和治疗才会报销。尽管医保条例对出院的标准和带药的标准有规范，但如果可能，应该尽量在院内治疗，尽量不要因为其他原因主动提前出院。出院时，如果可能，应该请医生尽量多开几天的药物。出来后的复诊就不再享受报销的待遇了。

急诊可以报销的范围是：急诊观察室留院观察其中有如下病症急性严重外伤、脑外伤、骨折、脱臼、撕裂伤、烧伤、突然急性腹痛、突发高热、突然出血、吐血、有内出血象征、腹泻、严重脱水、休克、有抽风症状或昏迷不醒者耳鼻道、咽部、眼内、气管、支气管及食道中有异物者眼睛急性疼痛、红肿或急性视力障碍呼吸困难者发病突然、症状剧烈、发病后迅速恶化者中毒、淹溺、触电、急性尿闭、急性过敏性疾病、烈性传染病可疑者以及其他主治医师以上认为危及生命应予急诊抢救者。可以报销的检查项目是：应用 x 射线计算机体层摄影装置立体定向放射装置 γ 刀、x 刀；心脏及血管造影 x 线机含数字减影设备；核磁共振成像装置 MRI；单光子发射屯子计算机扫描装置 SPECT5、彩色多普勒仪、医疗直线加速器等大型医疗设备进行的检查医疗项目和单项费用超过 200 元次的检查医疗项目。可以报销的治疗项目是：体外振波碎石治疗、高压氧治疗、医用直线加速器治疗、重症监护及抢救的 CCU、ICU 病房治疗；肾脏移植、心脏瓣膜移植、角膜移植、皮肤移植、血管移植、骨移植、骨髓移植、胰岛移植；心脏起搏器、人工关节、人工晶体、人工喉、人工髋关节等体内人工器官的置换及安装心脏搭桥术、心导管球囊扩张术；血液透析、腹膜透析；心脏激光打孔、抗肿瘤细胞免疫疗法、介入治疗和快中子治疗项目。

凡参加农村合作医疗保险的住院病人一次性或全年累计应报医疗费超过 5000 元以上分段补偿，即 5001～10000 元的部分补偿 65%，10001～18000 元的部分补偿 70%。镇级合作医疗住院及尿毒症门诊血透、肿瘤门诊放疗和化疗补偿年限额 1.1 万元。不属农村合作医疗保险报销范围的是：自行就医（未指定医院就医或不办理转诊单）、自购药品、公费医疗规定不能报销的药品和不符合计划生育的医疗费用；门诊治疗费、出诊费、住院费、伙食费、陪客费、营养费、输血费（有家庭储血者除外，按有关规定报销）、冷暖气费、救护费、特别护理费等其他费用；车祸、打架、自杀、酗酒、工伤事故和医疗事故的医疗费用；矫形、整容、镶牙、假肢、脏器移植、点名手术费、会诊费等；报销范围内，限额以外部分。

很多农民购买了“新农合”后，还购买了一些商业医疗保险，如果购买商业医疗保险的话，您要先去报销“新农合”的费用，然后余下的费用再找保险公司报销。

被保险人是否参加社保或医保，以及可承受的保费范围决定了所要缴费的多寡。不要过高购买，以避免给自己造成太大的生活负担。目前市面上的商业大病保险主要包括：消费型大病医疗保险和储蓄型大病医疗保险。其中储蓄型大病医疗保险保费相对较为昂贵。大病医疗保险一年价格与投保者性别、年龄等有一定的关系。消费型大病医疗保险一年期保费相对较为便宜，在几百元左右。而储蓄型大病医疗保险一年保费相对较贵，但后期返还可抵充一定的保险费。成年人无论选择哪种大病医疗保险，保额都需要做足。目前来看，重大疾病的医疗开销通常在 10 万元到 50 万元，甚至更高。因此对于成年人来说，20 万元保额才算勉强够用。此外合理的缴费方式也可以减少大病医疗保险保费支出，建议选择年缴，虽然所付总额可能略多些，但每次缴费较少，不会给家庭带来太大的负担。大病医疗保险的年缴保费由于年纪越小缴费越少，因而为孩子购买大病保险其一年保费支出要比成人低一些。当然，储蓄型少儿大病医疗保险的保费相对较为昂贵。在为孩子购买大病医疗保险时需明确保障期限，考虑到孩子成长较快，每一阶段面临的大病风险有所不同，成年前极易遭受少儿重疾威胁，如白血病、手足口病等。因此，建议将保障期限设置在孩子成年之前，这样所缴保费也相对较低。老年人购买大病医疗保险受制约因素较多，容易拒保不说，还极易出现保费“倒挂”现象，即投保者缴费期满后，所缴纳的总保费之和大于被保险人能够获得的各项保障利益之和。因此，不建议给老年人购买长期大病医疗保险。

如果您的确需要购买一些商业医疗保险的话，至少应该注意以下几个方面：

第一是注意投保年龄的限制。各家保险公司对最低投保年龄有不同的规定，根据险种的不同，最低投保年龄一般由出生后 90 天至年满 16 周岁不等。但是，各保险公司规定的最高投保年龄却大致相同，为 65 周岁。如果您的年龄不在这一范围之内，一般来讲，您不适合投保。年龄越小保费越少，所以建议最好早投保。

第二是注意如实告知义务条款。在订立保险合同时，应将自己身体状况及既往病史如实向保险公司陈述，以便让保险公司判断是否接受承保或以什么条件承保。有的住院医疗保险条款将某些严重的疾病明确列入不保范围。因此，不要隐瞒病史，否则会造成保险合同的失效，即使发生责任范围内的保险事故，保险公司也不会履行赔付义务。

第三是注意险种的责任范围。购买保险时，搞清险种的责任范围很重要，只有责任范围内保险事故的发生，保险公司才会履行赔付义务。如市面上热卖的“重大疾病保险”，其保险责任范围一般为投保后第一次确诊的疾病。如癌症、脑中风、心肌梗死等，而哮喘、肺结核等疾病则列为不保范围。

第四是注意住院医疗保险的观望期。所谓观望期，即保险合同生效一段时间后，保险公司才对被保险人因疾病而发生的医疗费用履行给付责任。除意外事故造成的住院医疗费用外，对于一般的住院医疗保险，保险公司在承保时均设有一个观望期。根据不同的险种，观望期有自合同生效日起 90 天和 180 天两种，在观望期内发生的医疗费用支出，保险公司不负赔付责任。

第五是注意免赔条款。保险公司一般均对一些金额较低的医疗费用采用免赔的规定。一方面金额较低的医疗费用，被保险人在经济上可以承受，同时也可省去保险公司因理赔而投入的大量劳动。另一方面可促使被保险人加强对医疗费用的自我控制，避免不必要的浪费。因此，购买医疗保险时，一定要注意免赔额。若您的医疗费用少于免赔额，则您不可能获得理赔。

17. 构筑家庭财产的防火墙

家庭财产保险简称家财险，是个人和家庭投保的最主要险种。凡存放、坐落在保险单列明的地址，属于被保险人自有的家庭财产，都可以向保险公司投保家庭财产保险。被保险人所有、使用或保管的、坐落于保险单列明的地址的房屋内的财产，可以约定范围向保险公司投保家庭财产保险。根据被保险人的不同需要，家庭财产保险可以分为普通家庭财产保险、定期还本家庭财产保险、利率联动型家庭财产保险。

普通家庭财产保险费依照保险公司规定的家庭财产保险费率计算。保险期限是一年期，从保险公司签发保单零时起，到保险期满 24 小时止。没有特殊原因，中途不得退保。家庭财产保险保单险期满后，所缴纳的保险费不退还，继续保险需要重新办理保险手续。根据保险责任的不同，普通家庭财产险又分为灾害损失险和盗窃险两种。灾害损失险的保险标的包括被保险人的自有财产、由被保险人代管的财产或被保险人与他人共有的财产。通常包括：日用品、床上用品；家具、用具、室内装修物；家用电器，文化、娱乐用品；农村家庭的农具、工具、已收获入库的农副产品等。有些家庭财产的实际价值很难确定，如金银、珠宝、玉器、首饰、古玩、古书、字画等，这些财产必须由专业鉴定人员进行价值鉴定，经投保者与保险公司特别约定后，才作为保险标的。保险公司通常对以下家庭财产不予承保：损失发生后无法确定具体价值的财产，如货币、票证、有价证券、邮票、文件、账册、图表、技术资料等；日常生活所需的日用消费品，如食品、粮食、烟酒、药品、化妆品等；法律规定不容许个人收藏、保管或拥有的财产，如枪支、弹药、爆炸物品、毒品等；处于危险状态下的财产；保险公司从风险管理的需要出发，声明不予承保的财产。

家庭财产灾害损失险规定的保险责任包括：火灾、爆炸、雷击、冰雹、洪水、海啸、地震、泥石流、暴风雨、空中运行物体坠落等一系列自然灾害

和意外事故。对于被保险人为预防灾害事故而事先支出的预防费用，保险公司原则上不予赔偿，但对于在灾害事故发生后，为防止灾害损失扩大，积极抢救、施救、保护保险标的而支出的费用，保险公司将按约定负责提供补偿。保险公司对于家庭财产保险单项下所承保的财产由于下列原因造成的损失，保险公司不承担赔偿责任：战争、军事行动或暴力行为；核子辐射和污染；电机、电器、电器设备因使用过度、超电压、碰线、弧花、漏电、自身发热等原因造成的本身损毁；被保险人及其家庭成员、服务人员、寄居人员的故意行为，或勾结、纵容他人盗窃或被外来人员顺手偷摸，或窗外钩物所致的损失等；其他不属于家庭财产保险单列明的保险责任内的损失和费用。

盗窃险的保险责任指在正常安全状态下，留有明显现场痕迹的盗窃行为，致使保险财产产生损失。除自行车、助动车以外，盗窃险规定的保险标的的范围与家庭财产、灾害损失险完全一样。对于由被保险人及其家庭成员、家庭服务人员、寄居人员的盗窃或纵容行为造成的损失以及如房门未锁、门窗未关等非正常安全状态下的失窃损失，保险公司均不承担赔偿责任。盗窃险保险金额的确定以及保险期限的规定，均与灾害损失险相同。

家庭财产两全险是一种具有经济补偿和到期还本性质的险种。保险期限有1年期、3年期和5年期。它与普通家庭财产保险不同之处在于保险金额的确定方式上。家庭财产两全险采用按份数确定保险金额的方式：城镇居民每份1000元，农村居民每份2000元，至少投保1份，具体份数多少根据投保财产的实际价值而定。投保者根据保险金额一次性缴纳保险储金，保险公司将保险储金的利息作为保费。保险期满后，无论保险期内是否发生赔付，保险公司都将如数退还全部保险储金。它的承保范围和保险责任与普通家财险相同。到期还本型家庭财产保险具有灾害补偿和储蓄的双重性质。投保时，投保者缴纳固定的保险储金，储金的利息转作保费，保险期满时，无论在保险期内是否发生赔付，保险储金均返还投保者。

随着物价指数的上涨和央行不断降息，人们对保险保障提出了更高的要求，利率联动型家庭财产保险应运而生。投保此类险种除拥有相应的保障责任外，如遇银行利率调整，随一年期银行存款利率同步、同幅调整，分段计息，无论是否发生保险赔偿，期满均可获得本金和收益。可保财产范围主要有：自有居住房屋；室内装修、装饰及附属设施；室内家庭财产。特保财产主要有：农村家庭存放在院内的非动力农机具、农用工具和已收获的农副产品；个体劳动者存放在室内的营业器具、工具、原材料和商品；代他人保管的财产或与他人共有的财产；须与保险公司特别约定才能投保的财产。不保财产主要有：金银、珠宝、首饰、古玩、货币、古书、字画等珍贵财物（价值太大或无固定价值）；货币、储蓄存折、有价证券、票证、文件、账册、图表、技术资料等（不是实际物资）；违章建筑、危险房屋以及其他处于危险状态的财产；摩托车、拖拉机或汽车等机动车辆，寻呼机、手机等无线通讯设备和家禽家畜（其他财产保险范围）；食品、烟酒、药品、化妆品，以及花、鸟、鱼、虫、树、盆景等（无法鉴定价值）。

被保险人索赔时，应当向保险公司提供保险单、损失清单和其他必要的单证。保险财产遭受保险责任范围内的损失时，保险公司按照出险当时保险财产的实际价值计算赔偿，但最高不超过保险单分项列明的保险金额。保险财产遭受部分损失经保险公司赔偿后，保险合同继续有效，但其保险金额相应减少。减少金额由保险公司出具批单批注。发生保险责任范围内的损失后，应由第三者赔偿的，被保险人可以向保险公司或第三者索赔。被保险人如向保险公司索赔，应自收到赔款之日起，向保险公司转移向第三者代位索赔的权利。在保险公司行使代位索赔权利时，被保险人应积极协助，并向保险公司提供必要的文件及有关情况。保险事故发生时，如另有其他保险对同一保险财产承保同一责任，不论该保险是否由被保险人或他人投保，保险公司仅按比例负责赔偿。被保险人的索赔期限，自其知道保险事故发生之日起，不得超过两年。

发生保险责任范围内的损失后，应由第三者赔偿或牵涉到第三者责任的，被保险人可以向保险公司或第三者索赔。被保险人如向保险公司索赔，应自收到赔款之日起，向保险公司转移向第三者代位索赔的权利。在保险公司行使代位索赔权利时，被保险人应积极协助，并向保险提供必要的文件及有关情况。

保险财产遭受部分损失经保险公司赔偿后，保险合同继续有效，但其保险金额相应减少。减少金额由保险公司出具批单说明。被保险人需恢复保险金额时，应补交保险费。但保险事故发生时，如另有其他保险对同一保险财产承保同一责任，不论该保险是否由被保险人或他人以其名义投保，保险公司仅按比例承担赔偿责任。

被保险人应依照保险公司规定的收费标准在起保日前一次缴清保险费。被保险人如在保险期内要求退还保险储金，保险公司按照家庭财产保险规定的费率计收当年保险费，保险费从退还的保险储金中扣除。在保险期限内，保险财产存放地点发生变更，或保险财产所有权转移，被保险人应及时向保险公司申请办理批改手续。保险财产发生保险责任范围内的灾害或事故时，被保险人应当尽力救护并保护好现场，在 24 小时内通知保险公司，同时向当地公安或有关部门报告，以便及时查勘处理。被保险人在向保险公司申请赔偿时，应当提供保险单、保险财产损失清单、救护费用单据以及所在单位、街道、乡（镇）和有关职能部门（公安、气象等部门）的证明，且保证各项单证、证明必须真实、可靠，不得有任何欺诈；保险财产发生保险责任范围内的损失，应当由第三方负责赔偿的，被保险人应当向第三方索赔。如果被保险人向保险公司提出赔偿请求时，保险公司可以按照有关条款有关规定先予赔偿，但被保险人必须将向第三方追偿的权利转让给保险公司，并协助保险公司向第三方追偿；被保险人如果不履行有关条款规定的各项义务，或有虚报损失等欺骗行为，保险公司有权拒绝赔偿，追回已经支付的赔款，或者终止保险合同。通常在赔款金额确定下来后，保险公司会在 10 天内一次赔偿结案。赔款数额确定期为 60 天内，60 天后仍不能确定的，保险公司应根据已有证明和资料可确定的最低数额先行支付，待最终确定后再补齐差额。索赔时效为两年，超过规定时限，保险公司将不承担赔偿责任。被保险人自其知道或应当知道保险事故发生之日起，两年内不行使向保险公司请求赔偿的权利，即作为自动放弃而失效。被保险人向保险公司申请赔偿时，应当提供保险单、财产损失清单、发票、费用单据和有关部门的证明。

投保者在投保时应细读保险责任，并注意以下几个方面：（1）不是所有家庭财产都可以投保。家庭财产险的保障范围只涵盖房屋、房屋附属物、房屋装修及服装、家具、家用电器、文化娱乐用品。（2）家庭财产险按需投保最经济。投保者在投保家财险时应事先和保险公司沟通，不要超额投保和重复投保，最好的投保方法就是按需投保。（3）保险标的发生变化应及时告知保险公司。对于家庭财产险合同内容的变更，投保者必须得到保险公司的审核同意，签发批单或对原保单进行批注后才产生法律效力。(4) 投保后切不可高枕无忧。财产保险合同规定，投保者有维护财产安全的义务。如果发生自然灾害或意外事故，投保者应迅速采取有效施救措施，将财产损失降到最低限度，否则，保险公司会对因施救而产生的费用进行单独补偿。

除此之外，投保者还应妥善保管所投保物品的原始发票，一旦出险，被保险人可以向保险公司提出理赔申请，提供损失清单，由保险公司派专人现场核保定损，清点确认损失。

家庭财产保险的保险金额由投保者依据投保财产的实际价值自行估计而定。若估价过低，会使保障不足；若估价过高，一方面，保费将随之增加，另一方面，实际灾害发生时，保险公司将根据补偿原则，以投保财产的实际价值作为赔偿上限，因而被保险人也不可能靠此获利。投保者明智的做法是，对投保财产做出客观合理的估价，使保险金额尽可能接近所投保财产的实际价值。一般来说，房屋及室内附属设备发生全部损失时，保险公司按照保险金额与保险价值（发生事故时的重置价值）的低者赔付；当发生部分损失时，如果保险金额等于或高于保险价值时，则：赔款金额 = 实际损失。

若保险金额低于保险价值，即发生不足额投保的情况时，则：赔款金额 = 实际损失或恢复原状所需修复费用 × 保险金额/保险价值。室内财产发生全部损失和部分损失，在分项目保险金额内，按实际损失赔付。被保险人所支付的必要、合理的施救费用，按实际支出另行计算，最高不超过受损标的的保险金额。若该保险标的按比例赔偿时，则该项费用也按相同的比例赔偿。像一幢使用了 5 年的砖混结构房屋，一旦发生损失，要进行重建，恢复原来的砖混结构，需要支出重建费用 20 万元，则这幢房屋的保险价值即为 20 万元，被保险人应按此价值确定保险金额，即 20 万元。相反，如果把保险金额确定为 10 万元，那么一旦损失，被保险人只能得到损失的一半的赔付；如果把保险金额确定为 25 万元，由于保险金额超过保险价值 20 万元，超过部分无效，即使发生损失，造成房屋的全损，被保险人充其量也只能得到 20 万元的赔偿，同时还多交了与保险金额 5 万元相适应的保险费，可谓赔了夫人又折兵。

由于室内的家庭财产一般无账可查，且财产的品种、质量、新旧程度差别很大，因此保险金额的确定一般只能根据家庭财产的实际情况，由被保险人自行估价确定。应先从大件、贵重的物品算起，如彩电、冰箱、家具、洗衣机、贵重衣物等，再加上一般的财产，最后再估计零星财物。根据各项目财产的实际价值，由被保险人分项目自行确定保险金额，如家用电器保险金额 10 万元、家具 3 万元、衣物及床上用品保险金额 5 万元、文化娱乐用品及其他生活用品保险金额 2 万元、代保管的财产 1 万元，则保险金额共计 21 万元，此 21 万元是家庭财产一旦灭失时，保险公司赔付的最高金额。

普通家庭财产保险的保险费计算按照“保险金额 × 保险费率”的计算公式进行计算。保险费率一般是在 1‰～3‰之间，若保险金额为 21 万元，则被保险人应缴纳的保险费为 210000 × 3‰ = 630（元）。若被保险人因种种原因，中途申请退保，终止了保险合同，则对于被保险人在订立保险合同时缴纳的保险费一般按日平均费率计算应退还的保险费。例如一份家庭财产保险单中载明的保险金额 10 万元，保险费率 3‰，保险期限一年，保险费在合同订立时一次交清。被保险人在保险合同生效后的 3 个月整要求退保，由于保险公司已承保了 3 个月，因此应从已交的保险费中扣除保险公司承保的 3 个月应收取的保险费，即退费数额 = 100000 × 3‰ − 100000 × 3‰ × 3 ÷ 12 = 225（元）。

家庭财产投保单的格式如下所示。

家庭财产保险投保单 投保单号×××

（交叉销售专用）

投保者资料（投保者与被保险人为同一人时，仅填写被保险人资料）			
投保者姓名		联系电话	
投保者地址			
被保险人资料			
被保险人姓名		联系电话	
身份证号码			
保险财产地址			
邮政编码		注：团单的被保险人信息请提供明细，谢谢！	

安居综合保险				
险种	保险责任	适用范围	备注	费率
□安居综合保险B	火灾、爆炸、水管爆裂；空坠；雷击、暴风、暴雨等自然灾害；建筑或其他固定物体发生倒塌事故；需临时租借房屋所发生的租借费用；第三者的经济赔偿责任：居所附属的安装物、搁置物、悬挂物、管道，因意外事故造成倒塌、脱落、坠落、爆裂致使第三者人身伤亡或财产损失	房屋及房屋内装潢；家具、除手提电话和便携式电脑以外的家用电器、床上用品、服装；现金、金银、珠宝、玉器、首饰不承保	家庭财产保险金额为保险单最高赔偿限额的70%；对第三者经济赔偿责任的赔偿限额为保险单最高赔偿限额的30%；保险金额最高为100万元	1.2‰
□安居综合保险C	B款+有明显撬窃痕迹的盗窃；入室抢劫			1.8‰

家庭财产综合保险（可投保多份）					
□家房无忧					保险费每份200元
保险保障	房屋	房屋装潢	室内财产	便携式电器	现金首饰
主险	200000元			5000元	5000元
附加地震海啸	120000元			—	—
□家财无忧					保险费每份200元
保险保障	房屋	房屋装潢	室内财产	便携式电器	现金首饰
主险	200000元			5000元	5000元
附加管道爆裂	10000元			—	—
附加室内盗抢	5000元			2500元	2500元
附加家用电器用电安全	5000元				
附加家居玻璃意外破碎	500元				
□家无事忧					保险费每份200元
保险保障	房屋	房屋装潢	室内财产	便携式电器	现金首饰
主险	200000元			5000元	5000元
附加管道爆裂	10000元			—	—
附加室内盗抢	5000元			2500元	2500元
租房费用累计赔偿限额	3000元（日租金赔偿限额：100元，免赔天数：5天）				
第三者责任累计赔偿限额	5000元（每次事故赔偿限额：2000元，每次事故免赔额：100元）				

安居自组式家财险 + 房屋保险（可投保多份）										
□大众型				保险费每份 20 元	□白领型 B					保险费每份 200 元
	房屋	房屋装潢	室内财产	便携电器	现金首饰	房屋	房屋装潢	室内财产	便携电器	现金首饰
自然灾害										
外来撞击										
火灾爆炸	100000 元	15000 元	10000 元			300000 元	50000 元	50000 元	2500 元	2500 元
管道爆裂										
室内盗抢										
□白领型 A				保险费每份 100 元	□精英型					保险费每份 150 元
	房屋	房屋装潢	室内财产	便携电器	现金首饰	房屋	房屋装潢	室内财产	便携电器	现金首饰
自然灾害										
外来撞击										
火灾爆炸	300000 元	50000 元	50000 元	2000 元	2000 元	500000 元	100000 元	70000 元	2500 元	2500 元
管道爆裂		5000 元					5000 元			
室内盗抢				1200 元	1200 元				1250 元	1250 元

投保份数	
总计保险金额：人民币（大写）	¥
总计保险费人民币（大写）	¥
保险期间：自　年　月　日零时起至　年　月　日二十四时止	
特别约定	

投保者声明：

（1）投保者特此声明，本投保单中填写的情况及提供的各项资料均属真实，没有漏报、错报或谎报。保险期间，投保者提供的以上事实情况发生重大变更的，投保者应及时告知保险公司。

（2）本投保单适用《安居综合保险条款 C》、《家庭财产综合保险》、《安居自组式家庭财产综合保险》、《房屋保险》条款，保险公司已向投保者说明保险条款内容，并就该保险条款中有关责任免除、投保者义务与特别约定等进行了明确说明，投保者确认并同意。除另有约定外，本投保单及投保者提供的其他资料为保险合同的有效组成部分。本保险可购买多份，但保险金额累计以不超过被保险财产实际价值为准，超出部分无效。

（3）《家庭财产综合保险》条款中对同一保险财产地址附加地震海啸保险条款，保险金额不超过主险金额的 60%，累计保险金额不超过人民币 100 万元。本条款承保仅限于用于居住的房屋，不适用于营业用途的房屋建筑。日租金赔偿以实际日租赁支出或日租金收入损失计算，但最高不超过人民币 100 元，赔偿天数不超过 30 天。第三者责任每次事故赔偿额不超过 20 万元，累计赔偿额不超过 50 万元。

投保者签章：　　　　　　　　　　　　法定代表人（负责人）：

（投保者是单位的由单位盖章，并由单位法定代表人或负责人签字，投保者是个人的由本人签字）

寿险代理人姓名及工号：　　　　　　　寿险代理人所属支公司：

寿险代理人联系方式：　　　　　　　　产险经办人及日期：

18.
全险并不全

全险的字面含义使人产生混淆，以为这类保险包括范围相当广泛，有些全包括的意味。而事实上，有些风险仍然不在承保之列。投保者不应对全险有全包括的错误理解，而应仔细阅读保单内的条文。实践中，全险亦称全保，普通购车者理解好像是保险买全了，什么损失保险公司都可以赔的，这在实际操作中是不可能的。现实中，保险公司的汽车保险险种多达几十种，多数险种都是从设计出来就没有销售出去一份。

一般来说，大家认可的全险是指车辆所有人所购买的机动车交通事故责任强制保险、车辆损失险、第三者责任保险、不计免赔、车上人员险等险种，有条件的还可以附加盗抢险、玻璃险、车身划痕险、自燃险等险种。其中，机动车交通事故责任强制保险又称作交强险，是由保险公司对被保险机动车发生道路交通事故造成受害人（不包括本车人员和被保险人）的人身伤亡、财产损失，在责任限额内予以赔偿的强制性责任保险。车辆损失险是指保险车辆遭受保险责任范围内的自然灾害（不包括地震）或意外事故，造成保险车辆本身损失，保险公司依据保险合同的规定给予赔偿。这与第三者刚好相反，是顾自己的，如果您爱惜自己的车就要买。第三者责任险指合格驾驶员在使用被保险车辆过程中发生意外事故而造成第三者的财产直接损失与人员伤亡的。以现在的赔付标准，建议最少买 10 万元，最好买 20 万元至 50 万元，特别是新手或喜欢飞车的朋友及工作压力大精神不易集中的朋友，又因 5 万元、10 万元、20 万元的价钱相差不大，总之这个险种买保额大的自己安心，属于强制性保险。而盗抢险购买的理由是，如果您的车在使用过程中一直都在比较可靠、安全的停车场中停放，上下班路途中也没有什么特别僻静的路段，就可以考虑不保盗抢险，但如果您的车属于很常见的、丢失率比较高的车型，那一定要保盗抢险。附加险种，车上座位责任险并不建议买。建议单独考虑人寿保险的产品，保障范围和保险费一般是越好。如果您的车经常有朋友坐，那您也可以考虑买一点，不过不用买太多，保障额度一座在一万元至两万元就够了。玻璃单独破碎险是指使用过程中发生本车玻璃单独破碎，注意“单独”两字，如是由其他事故引起的，车损险里有赔，所以如系国产车，玻璃也不贵，想省钱的可不买。自燃险是指车辆在行驶过程中，因本车电器、线路、供油系统发生故障及载运货物自燃原因起火燃烧，造成车辆损失以及施救所支付的合理费用。新车建议不买，三年以上的车建议考虑。划痕险是指车辆在使用过程中，被他人剐划且无明显碰撞痕迹，需要修复的费用，一般新车、新手买。不计免赔率是指车辆发生车辆损失险或第三者责任险的保险事故造成赔偿，对应由被保险人承担的免赔金额（20%），由保险公司负责赔。不计免赔额是指车辆发生车辆损失险或第三者责任险的保险事故造成赔偿，对应由被保险人承担的免赔金额，由保险公司负责赔。不计免赔率几乎是个必保的好险种，特别是新手，加上了会有用的，尤其在您碰到大的事故损失时，这个险种可以大大减少您的损失。

在现实生活中，无论您买再多的保险，也不可能做到什么损失保险公司都会赔，以下几种情况属于保险公司拒赔的情形：

（1）收费停车场丢车。一般情况下，车辆在

收费停车场或者营业性修理厂中被盗，保险公司不负责赔付。因为保险公司认为停放于收费停车场所的车辆，停车场有责任保管车辆而保险公司不必负责。因此，遇到这种丢车情况，投保者不必再去找保险公司进行索赔，即使找到保险公司，保险公司也是不会负责任的，而是应尽快争取时间，让保管车辆不善，造成车辆丢失的保管人来负责赔偿。

（2）驾驶员故意事故。根据保险条款规定，驾驶员的故意行为属于责任免除范围，因此即使发生任何紧急状况，如果是驾驶员的蓄意行为造成事故，保险公司都不会负责赔付。因此车主一定要遵守保险条款，否则还是自己吃亏，当然驾车者也不要心存侥幸心理，故意制造事故，这样不仅得不到赔偿，而且还会为自己扣上骗保的帽子。

（3）车辆内物品丢失。根据保险产品中的保险范围规定，盗抢险的赔偿范围仅仅是车辆本身，而不包括车内的物品。如今保险公司对车里的物品多数都不承保，只有少数公司的财险产品可以承诺对车内的特殊物品进行赔偿。投保者尽量不要将值钱的物品放在自己的汽车里面，应放在比较安全的地方或者随身携带，以免遭受不测，给自己造成不必要的财物损失。

（4）车辆撞了自家人。第三者责任险只负责赔偿保险车辆因意外事故致使第三方遭受人身伤亡或财产的直接损失。在第三者责任险的条款中规定的第三者，不包括保险公司、被保险人、本车发生事故时的驾驶员及家庭成员以及被保险人的家庭成员。因此，驾车者如果不小心撞上了自家人，只好自认倒霉，因为这种情况是得不到保险公司赔付的。

（5）免责损失发生。主要有：车灯或者倒车镜单独破损的不赔；把负全责的肇事人放跑的不赔；水深处强行打火导致发动机损坏的不赔；车辆修理期间造成的损失不赔；没保交强险的车出事故的不赔；私自加装的设备不赔；被车上物品撞坏不赔；没经过定损直接修理的不赔；车辆零部件被盗的不赔等等。

此外，酒后驾车、无照驾驶，行驶证、驾照没年检的，保险公司也可以拒绝赔付。投保全险应该注意的主要问题是：

（1）如实履行告知义务。保单是约定双方权利与义务的有效合同，也是具有法律效力的契约，一旦生效必须不折不扣地履行。投保时，不论投保者还是保险公司都须如实告知对方实情，这不仅是基本的业务程序，也是保险条款的硬性规定。保险公司应讲清现有车险种类、保险期限、保险责任、除外责任、保额如何确定、发生事故怎样赔偿、附加险种的责任范围等。而对于车主，就车辆的车龄、品牌、车况、事故记录和车主的驾龄等，投保者均应如实告诉保险公司。尽管内容听来烦琐，实际上车主认真阅读保单或宣传材料就会一目了然。只要诚实地履行上述告知义务，今后就会避免不必要的麻烦，使自身权益得到可靠的保障。

（2）全面理解条款。作为保险合同的一方，车主同样有应该履行的义务，熟知条款内容就是其中之一。据说一位车主投保了车损险和全车盗抢险，外出办事时，他将车停放在对方单位门前。但准备驾车离开时，发现车门有被人撬过的痕迹，打开一看，放在里面的包不见了，而且车门的中控车锁也坏了。此刻，他想起曾投保了全车盗抢险，虽然车内存放的物品不在赔偿范围内，但中控车锁属于车上的部件，应能获赔。于是，在向公安部门报警的同时，车主也向保险公司报案并提出了索赔要求。然而，却被后者告知，按照合同条款的规定，此次事故不在保险赔偿范围内。车主当即表示，不能接受保险公司的处理意见，继而投诉到媒体和相关部门。但是，当处理投诉的人员到保险公司问及不履行赔偿的根据时，保险工作人员亮出的依据却让大家失笑，原来，就在车主手中所持的全车盗抢险保险单的背面，已经清楚地列明保险公司承担保险责任范围内的全车盗抢损失赔偿，而不负责车辆某个部件被盗抢的损失。面对此情此景，车主哑口无言。其实，每个车险险种都有除外责任，车主只有做到知其然又知其所以然，才能分清保险责任，解除后顾之忧。

（3）全险不是全赔。随着保险意识的增强，许多车主愿意多花钱投一份全险，目的就是一旦发生各类事故，可以顺理成章地从保险公司得到全额赔偿。但事实却并非如此。如一位投保了机动车保险全险的私家车主，将车停放在楼下时，楼上掉落的杂物把车顶窗砸坏，他认为既然买了全险，自然全部损失都得由保险公司赔偿。没想到，前去索赔却遇到了麻烦，保险公司依据车损险条款的规定，告知车主需提供当地公安部门开具的有关事故原因的证明，且车主作为被保险人，也要承担一定比例的免赔额。车主对保险公司的处理意见不服，随即找律师咨询，后者认真研究保险条款后，告诉他此条款属于列明式条款，当出现上述事故造成车辆损失后，车主若想得到赔偿，必须提供相应的证明材料，否则就不能赔偿，保险公司的做法依法合规，无可非议。最终，车主听从了律师的劝告，及时到派出所开具事故原因证明，顺利地办妥了理赔。

（4）注意盗抢险和划痕险。如今，机动车盗抢险已经成为主险，车主可以单独投保该险种，且保险责任没有变动。不过，该险种在除外责任中特别增加了驾驶人饮酒、吸食或注射毒品、被药物麻醉后使用的被保险机动车的内容。换言之，若这样的行为导致被保险车辆被盗抢，保险公司不负赔偿。此外，保险条款还规定，投保时指定驾驶人，保险事故发生时为非指定驾驶人使用被保险机动车的，增加免赔率5%；投保时约定行驶区域，保险事故发生在约定区域以外的，增加免赔率10%。这些都是车主要格外注意的事项，在投保时，务必如实填写保单，并提供被保险机动车行驶证复印件、机动车登记证书复印件。若指定驾驶人的，应提供被指定驾驶人的驾驶证复印件。在保险期间内，被保险机动车改装、加装等，导致被保险机动车危险程度增加的，也应及时书面通知保险公司。

否则，因被保险机动车危险程度增加而发生的保险事故，保险公司不承担赔偿。

在投保车身划痕损失险时，车主须清楚下列内容：凡投保了机动车损失保险的机动车，可投保此险种。对无明显碰撞痕迹的车身划痕损失，保险公司负责赔偿。而被保险人及其家庭成员、驾驶人及其家庭成员的故意行为造成的损失，保险公司不负赔偿。该险种的保险金额为2000元、5000元、10000元或20000元，由投保者和保险公司协商确定。该险种的赔偿处理原则为：在保险金额内按实际修理费用计算赔偿；每次赔偿实行15%的免赔率；在保险期间内，累计赔款金额达到保险金额，该附加险的保险责任终止。

了解了汽车保险生效日、汽车全险包括什么之后，那么投保全险是不是就等于投保了全面保障呢？汽车全险所包含的这几个险种，能对大多数意外起到保障作用，比如汽车自燃需要投保自燃损失险才能获得赔偿。因此，如果车主需要获得更多的保障，还要根据自己的情况选择投保其他的险种。

19.

出险次数过多与投保险种过多都是坏习惯

保险行业有自己的运行规则，投保车险的人事故过多会加收保费，老年人投保寿险会遭到大多数保险公司的拒绝。投保者在选择保险公司及保险产品时，一定要弄清楚保险的内容，选择对自己最有利的保险品种。

近日，家住驻马店市的投保者李先生到保险公司营业厅续保车辆损失险时遭到拒绝，原因是他的现代索纳塔轿车上年出险 6 次。李先生生气地说，6 次都是一些刮蹭类的小事故，而自己偏偏又是非常喜欢车的人，谁不愿意自己的爱车总是靓丽如新呢？今年续保时保险公司只给续了机动车交通事故责任强制保险和第三者责任险，就是不给续保车辆损失险。

据李先生介绍，2010 年 10 月份他买了辆价值

20万元左右的现代索纳塔牌轿车，由于小区没有专门停车场，只能停在路边，因此被刮花的现象时有发生。正因为如此，他在2010年10月20日购买车辆保险的时候特意花2700元投保了车身划痕险。一年中，他的爱车被刮擦了几次，均向保险公司报案并得到了赔付。2011年11月，他的保险到期后保险公司的工作人员多次联系让他续保。但是，当他到该公司的营业部准备办理续保手续的时候，该公司的营业员却只给他续保了机动车交通事故责任强制保险和第三者责任险。而提到车辆损失险时，工作人员告知他由于上年报案达到6次，这次将不再向他提供车辆损失险产品。后经过多次协商，李先生最终续保成功了，但缴纳的车辆损失险的保费却比上一年有了大幅度的上浮。

保险行业的业内人士提醒说，并不是所有的车都适合投保划痕险，一般来说，在新手开好车的情况下投保划痕险最为必要。对于一般的小刮擦和几百元的理赔小事故，车主最好不走保险公司的理赔渠道，自己出钱修车反而更实惠、更便捷。报案理赔次数多不仅会使下一年度的保费上调，还有可能被保险公司列入“亏损客户”的黑名单，从而遭遇拒保。

车主在选择保险公司的时候可以参考财险公司的实力、车险结案率、结案周期、定损技能、保险理赔服务质量指标等来选择。虽然大型保险公司车险保费较高，但这些保险公司都已经建立了比较完善的理赔网络，也拥有了一支较成熟的理赔队伍，一旦出险能够保证在较短时间内赶到现场查勘，协助处理事故。即使是在外地发生事故，因为其分支公司多，也可以及时查勘。小保险公司保费可能相对较低，在价格上具有一定竞争优势，但小保险公司一般都规模小、网点少、定损严格、合作商户维修水平差，反而给车主带来不少的理赔难题。最关键的是，小保险公司定损低，同样的车损，大保险公司定的修车费是 200 元，小保险公司可能只是 120 元。拿钱少，经销商不会认真修，偷工减料、使用假配件的事情就可能发生，车主本身的权益更得不到保障。而且由于网点少、服务系统不完善，车主随着保险人员奔波定险的情况也时有发生，耽误时间、牵扯精力。另外，在购买车险时，车主一定要认真理解保险条款，特别要注意其中的免责条款，有无免赔，怎么个赔法，比较之后看哪个保险公司的条款能接受再做决定。在能够得到同样保障程度和服务质量的情况下，那当然选择保费低的保险公司。

“我今年理赔次数太多了，要是再投保这家公司保费肯定要提高，我打算换一家保险公司投保”。以前，出险较多的车辆可以通过更换保险公司的方式继续获得折扣，但是现在这种方法行不通了。现在本市或全省的车辆保险平台已经联网，出险的记录都显示在车辆保险平台上，车主很难通过更换保险公司的方式来获得更多折扣。

按目前各个保险公司的规定，车辆在前一年的保险期内没有理赔记录或者理赔次数少、数额低的，续保时继续可以享受7折优惠，一般理赔次数要在两次以内。若上一年度发生3次赔款的车辆，车险费率在基准保费基础上上浮10%；上一年度发生4次赔款的车辆，车险费率在基准保费基础上上浮20%；上一年度发生5~7次以上赔款的车辆，车险费率在基准保费基础上上浮30%，8次以上就会被拒保。在此情况下，通过电话车险投保的话，在此基础上还会有15%的折扣，所以作为普通车的续保车款，业内专家还是建议大家走电销渠道，费用更划算，理赔服务相差无异。但并不是所有的车辆都可以通过电话车险投保，电话车险也有一定的门槛。高端豪华型的车辆续保，业内专家则建议高端客户通过4S店进行办理。高档汽车在选择车险时应当购买“指定专修险”这个险种，不然保险公司在赔偿时只是按照普通汽修厂的修理费用标准赔偿，车主会有不少的损失发生。

一般来说，第一年车主可尽量买齐全险，从第二年开始再适当增减一些险种。在新一个保险年度即将开始的时候，车主应该根据自身的情况选择投保的项目，新的一年家庭车辆用途是否发生变化？比如家里增加了什么成员，私家车从个人的代步工具变成接送妻子、孩子的车等等。如果是这样，车主不妨购买车上人员险，为家庭新成员提供一些保障。再拿划痕险来说，有些保险公司规定三年以内车龄才能购买，有些保险公司则规定五年车龄以内才能购买。对于新车车主而言，购买划痕险还是相当有必要的，如果新车并未购买划痕险，在限制车龄的最后一年购买划痕险也是挺划算的，毕竟在处理新划痕的同时也可以将旧划痕一起解决掉。如果汽车车龄较大，那么新一年度车主可以考虑不投保盗抢险，因为旧车发生汽车盗抢的概率是比较低的。如果车主每天出行的路段在下雨天容易形成大面积的积水，或者是生活在雨季频繁出现下雨的市区，那么车主可以选择购买“涉水险”这个险种保平安，因为车辆遭水浸发生故障的概率较大，买个针对性的保险就等于是买个平安。但在兰州和西宁等少雨干旱的地区，购买“涉水险”就没有什么必要了。玻璃单独破碎险更适合高档车、豪华车，而普通的私家车则没有太大必要去上这个险种。针对此前闹得沸沸扬扬的车险高保低赔问题，业内专家提醒大家由于保额的多少直接对应着车险价格的高低，所以投保者完全可以按照车辆的实际价格投保，虽然保额下浮越多保费越便宜，但是在出险理赔时自己获得的赔偿也会相应打折。考虑车辆折旧等因素，车辆第二年价格最低可以下浮25%，但是业内专家还是建议大家将价格不宜下浮过低，以10%的下浮水平为宜。

建议第三者责任险至少买30万元。对于新手旧车，由于对第三者的风险无法预测，商业第三者责任险必须购买，选择较高的保额，至少30万元为宜，甚至可以买到50万元。机动车交通事故责任强制保险虽然可赔部分第三方责任，但是它只是最基本的保障，保额有限，远远不够。切勿忽视车上人员责任险，特别是家里有小孩且经常坐所投保车辆的。小朋友在车上很容易受伤，最好能购买2万~5万元。车上人员责任险保的是车辆指定座位上的人员，可以给所有座位投保，也可为特定座位投保。车上人员责任险必须指明投保座位数，事实上有些人只喜欢买前排的，但是忘记指定前排。需要注意的是，车辆损失险属于必买险种范围。车损赔偿时交通事故责任强制保险只赔2000元，超过部分则由商业保险中的车辆损失险进行赔偿解决。而且交通事故责任强制保险是由肇事方的保险公司进行理赔，车辆损失险则是自身的保险公司进行理赔。

20. 买了保险未必“保险”

许多投保车险的朋友在买了车辆保险之后，错误地认为自己已经进入的车险的保险箱。只要是发生相应事故，保险公司就得包赔自己的损失。其实不然，买了保险也未必“保险”。以下几个案例或许对大家有所启发。

(1) 临时号牌过期会“触发”免责条款。浙江金华新闻网 2015 年 2 月 13 日讯：临时号牌过期后出险，赔还是不赔？车主与保险公司各执一词。日前，浙江金华市仲裁委员会就受理了这样一起案件，仲裁方给出的答案是：临时号牌过期出险，保险公司不赔。2014 年 8 月 8 日上午，程某驾驶熊某所有的轿车，在义乌环城北路 S310 省道与另外两辆轿车发生碰撞，事故造成三车不同程度车损。经义乌市公安局交警大队勘察处理，认定程某负事故的全部责任。事故发生后，程某已先行向另外两名车主作出了赔偿，后向保险公司提出理赔申请，要求在保险限额内赔偿损失。据悉，肇事车在人保财险金华市分公司投保了交强险、第三者责任险及限额为381990元的机动车损失保险，并投保不计免赔险。在处理过程中，保险公司发现该车购置于7月15日，并于当天领取临时牌照。根据机动车登记的相关规定，临时牌照的有效期在行政区域之内不超过15天，事故发生在领取临时牌照后的第23天，已经超出临时牌照的有效期。根据《家庭自用汽车损失保险条款》及《机动车第三者责任保险条款》相关规定的保险公司责任免除情形，故认定该起事故不承担赔偿责任。在接到拒赔通知后，车主熊某不服，提起仲裁，质证保险公司没有证据证实已履行告知义务，主张免责条款对本案不适用，请求支付保险赔偿金33310元。根据双方提供证据和庭审中双方当事人的陈述、辩论，金华市仲裁委员会裁定：程某在临时牌照过期后驾驶车辆，属于驾驶无行驶证的机动车行为，其事故情形符合保险公司《家庭自用汽车损失保险条款》及《机动车第三者责任保险条款》中相关规定的保险公司责任免除情形。而对于双方争议的免责条款的效力问题，仲裁庭裁定，合同文本对相关免责条款以字体加黑方式予以提示，车主熊某亦认可已收到过保险单、保险条款等资料，因此在本案保险合同订立时，保险公司已就该免责条款对申请人履行了提示义务。根据《最高人民法院关于适用〈中华人民共和国保险法〉若干问题的解释（二）》第10条规定，在保险公司就该免责条款对熊某作出提示后，该免责条款即已生效。最终，仲裁庭作出终局裁决：保险公司对本案被保险车辆在其临时行驶车号牌已失效的情况之下发生事故所造成的损失，依法不应承担保险责任。

时间退回到2013年11月8日。《中国投保者报》报道：重庆车主陈灿为价值260万元的玛莎拉蒂轿车缴了7.4万元保险费，一次车祸后产生了38万元的维修费，保险公司却拒绝赔偿，理由是该车的临时号牌已过期，属于保险免责范畴，双方因此闹上法庭。重庆市第五中级人民法院做出终审判决，保险公司最终被判赔偿维修费。事件的经过是这样的：2011 年 12 月 19 日，陈灿花 260 万元购买了一辆玛莎拉蒂总裁 S 系列轿车，并于当天委托 4S 店向保险公司投保了车损险、三责险、不计免赔等多个险种，保费为 7.4 万元，保险期限从 2011 年 12 月 20 日至 2012 年 12 月 19 日。不过，陈灿当时并没有在保险单上签字确认，这份保险单是 2012 年 7 月才在 4S 店拿到的。2012 年 3 月 6 日，陈灿驾驶这辆车悬挂的临时号牌在发生交通事故时已过期。车辆维修好后产生了高达 38 万元的维修费，保险公司却拒绝赔偿，理由是车辆在发生事故时没有公安交通管理部门及其他相关管理部门核发的行驶证、号牌、临时号牌或临时移动证，不属于保险责任范围。2012 年 7 月，陈灿一纸诉状将保险公司告到法院，要求支付保险赔款 38 万元。法庭上陈灿诉称，保险公司在保险单中擅自扩大免责范围，没有尽到以合理方式特别提示和解释说明的义务，相应免责条款不能发生效力。他的新车临时号牌虽然过期，但根据《保险法》第 30 条规定，不能据此得出没有临时号牌的结论。另外，陈灿是在出事后的 2012 年 7 月，才从 4S 店拿到保险公司签发的保险单及所附保险条款，保险单上并没有他或代理人签字及具体签收时间。陈灿为此向法院申请司法鉴定，以判定笔迹的真伪。保险公司没有同意进行笔迹司法鉴定，而且拒绝向法院提供《投保单》原件以启动司法鉴定程序。保险公司辩称，车祸发生时，陈灿挂的是过期临时号牌，应认定为没有临时号牌，属于保险合同中约定的免责情形，因此可以拒赔。另外，提供给陈灿的保险单告知栏已经写明：“请您详细阅读所附保险条款，特别是加黑突出标注的、免除保险公司责任部分的条款内容”。因此，保险公司对免责条款尽到了说明义务，免责条款有效。但法院审理认为，保险公司不同意做笔迹鉴定，便不足以证明保险公司对相关免责条款的内容向陈灿或其代理人作出了明确说明。另外，保险公司也没有提供保险单及保险条款的具体交付时间，保险公司未能提供充分证据证明在签订合同时以及在事故发生前已经对免责条款作出足以引起投保者注意的提示。因而，保险合同中的免责条款未依法生效，保险公司也就无权援引该免责条款载明的“发生保险事故时保险机动车没有公安交通管理部门及其他相关管理部门核发的行驶证、号牌，或临时号牌或临时移动证，或未按规定检验或检验不合格”，免除保险公司赔偿责任，本案保险事故应属于所投车辆损失险的事故理赔范围。一审法院审理后判定保险公司赔偿陈灿修车费

38万元。保险公司不服，向重庆市第五中级人民法院提起上诉。重庆市五中院作出终审判决，维持原判。重庆市五中院承办法官介绍说，保险公司在合同中约定免责条款，是为避免过于宽泛或无限度地承担保险责任。因此，免责条款被判无效可能给保险公司带来巨大风险和损失。根据《中华人民共和国保险法》第17条规定，“明确说明”的含义绝不单指以明示的方式告知合同内容，还要求“解释”合同内容，即要清楚、确切、不产生歧义的解释，以使投保者知晓该条款的真实含义和法律后果。

类似的经历，但两个判决结果却截然不同。两个案例在此处提出就是要提醒大家，临时号牌过期千万要及时领取正式号牌，以免出了事故后吃哑巴亏。而且按照我国道路交通法的规定，临时号牌过期属无效车牌，继续挂过期牌照被发现的确是要按无牌照处理。

（2）酒后驾车出了事故后“触发”免责条款。家住许昌的“80后”男青年张某已经成家立业，原本过着平静的生活，可一场交通事故夺走了他年轻的生命。由于张某在保险公司投有保险，他的妻子向保险公司提出理赔要求。可保险公司称张某之所以发生交通事故，是由于其酒后驾车所致，保险公司不应当承担赔偿责任。张某的妻子为维护自己的权益，把保险公司告上了法庭。2013 年 8 月 23 日，记者从魏都区人民法院了解到，法官已经对这起案件作出了判决，保险公司须赔偿张某的妻子保险金及保险费 52433.60 元。事情从 2011 年 11 月 25 日说起，张某与许昌市的一家保险公司签订了保险合同。该合同包括两全保险、终身寿险及附加重大疾病保险。其中，两全保险的保险期限至张某年满 88 周岁为止，根据保险条款规定，在保险期限内，如果张某身故，保险公司应无息返还已交保费。终身寿险的保险期限至张某年满 100 周岁止。在保险期限内，如果张某身故，保险公司将支付张某的保险受益人保险金 5 万元。同年 11 月 2 日，张某驾驶一辆小型汽车与另外一辆汽车相撞。这起交通事故导致张某当场死亡。交警部门出具的事故认定书和司法鉴定机构出具的司法鉴定检验报告书显示，张某系酒后驾驶，应负该事故的主要责任。保险公司的相关负责人在法庭上表示，保险条款规定，被保险人酒后驾驶、无合法有效驾驶证或驾驶无有效行驶证的机动车，一旦发生交通事故，保险公司不承担保险责任。张某的妻子则表示，她和张某都不清楚保险合同中还有这样的免责条款。法院审理后认为，对保险合同中的免责条款，保险公司在订立合同时应当在保险单或保险凭证上做出足以引起投保者注意的提示，并对该条款的内容以书面或口头形式向投保者进行明确说明，未进行提示或明确说明的，该条款不产生效力。保险公司没有提供有效的证据证明其尽到了提示说明义务，因此，应当按照合同约定进行理赔。

2012 年 6 月 21 日深夜，处于疲劳驾驶状态的丁某驾驶着自己的重型厢式货车在江阴市徐霞客镇峭岐迎宾大道与霞客高速口的地段交汇处未按规定行驶与袁某驾驶的私家车相撞，致使袁某与同车朋友李某受伤。后经交巡警认定，当晚丁某是未按交通规定行车，应负事故主要责任，而袁某乃是酒后驾车，故袁某对该起交通事故也要负次要责任。2012 年 9 月 17 日，袁某、丁某及李某在江阴市交通事故纠纷人民调解委员会调解下，达成调解协议。后由于袁某向保险公司理赔未果，产生纠纷。2012 年 11 月 15 日，袁某到当地法院起诉。审理中查明：袁某于 2011 年 8 月 15 日为他所有的北京现代牌轿车向保险公投保了机动车交通事故责任强制保险，当时袁某和保险公司约定车辆的财产损失赔偿限额为 2000 元，保险期限由 2011 年 8 月 16 日起至 2012 年 8 月 15 日止。同时，袁某向保险公司投保了机动车商业保险，其中车辆损失险的保险金额 103000 元及不计免赔险，保险期限自 2011 年 8 月 16 日起至 2012 年 8 月 15 日止。袁某在客户告知书回执上签了名，内容为：贵公司已就保险责任、投保者、被保险人的义务以及免责事由的概念、内容以及法律后果等作了明确说明。审理中，袁某以时间长记不清为由，不能确认是否系其本人签名，同时提出笔迹司法鉴定申请，后又撤回该申请。江阴法院经审理认为：原告袁某与被告保险公司之间的保险合同关系合法有效。袁某在事故中造成的损失，由于其投保了机动车交通事故责任强制保险，该保险中约定财产损失赔偿限额为 2000 元，故保险公司应当按照合同的约定在赔偿限额内承担赔偿责任。关于车辆损失商业保险责任免除中第七条规定了驾驶员有饮酒、服用国家管制的精神药品或者麻醉药品的效力问题。由于严禁饮酒驾驶不仅为《中华人民共和国交通安全法》的强制性规定，更是一名驾驶员所应当知道的常识和必须遵循的基本义务。因此，可以减轻保险公司对于上述免责条款的告知义务。本案中，保险公司已经就上述免责条款履行了相关告知义务，该条款合法有效，保险公司不承担相应的赔偿责任。法院判决如下：保险公司应于本判决发生法律效力之日起 10 日内支付原告袁某保险金 2000 元。驳回袁某的其他诉讼请求。本案中袁某系酒后驾驶，其机动车既投了交强险也投了商业险，交强险在交通事故责任范围内予以了赔偿，但要求商业险予以赔偿的请求未得到支持。

两个案例都触及了酒后驾驶机动车发生交通事故后，机动车交通事故责任强制保险的免责问题。根据《机动车交通事故责任强制保险条例》第22条规定，有下列情形之一的，保险公司在机动车交通事故责任强制保险责任限额范围内垫付抢救费用，并有权向致害人追偿：驾驶人未取得驾驶资格或者醉酒的；被保险机动车被盗抢期间肇事的；被保险人故意制造道路交通事故的。同时，有所列情形之一，发生道路交通事故并造成受害人的财产损失，保险公司不承担赔偿责任。两个案例中，肇事者都是酒后驾驶，非醉酒驾驶，由此造成受害人人身、财产损失的，保险公司应该承担赔偿责任，且无权向肇事者追偿。由于商业险的保险合同是投保者和保险公司自由协商的结果，因此双方应该本着诚实信用的原则，严格遵守合同约定的条款。袁某虽然投保了车辆损失商业保险，但该保险在责任免除条款中约定驾驶员有饮酒、服用国家管制的精神药品或者麻醉药品后驾车造成事故损失，保险公司有权拒绝赔偿。商业险保险合同的签订是双方意思真实表示，也就是说袁某在签订保险合同时也就意味着同意了保险合同中的条款。因此保险公司不承担相应的赔偿责任。

两个案例其实给大家的启示非常重要：酒后驾车既违反了道路安全法要受到相应的处理，同时对自己的保险理赔也会带来不必要的麻烦。

（3）投保者与车主不一致“触发”免责条款。2012 年 3 月 4 日上午 10 时，李刚雇佣的王大力驾驶李刚所有的货车在虎林市米业有限公司装完车后准备封车。王大力上车往前提车，由于场地有稻壳没有起动好车，车向后溜，车上的稻糠碰到输送机，再起步时刮倒输送机，造成输送机移位支架断裂落架，同时在车上准备封车的司机李明为躲避输送机从车上掉下，被刮落的输送机砸到左小腿。在地上的装卸工张强看到输送机要砸到李明就去拽输送机，也被输送机砸到右大腿。事故造成李明、张强二人重伤。经虎林市安全生产监督和煤炭管理局事故调查组调查认定，事故发生的直接原因系司机王大力操作失误把输送机刮倒所致。经鸡西市协和医院司法鉴定所对张强的伤情进行鉴定，结论为：伤残等级为九级、医疗终结时间为 146 天、二次手术费为 8000 元。2012 年 7 月 19 日伤者张强以健康权纠纷为由提起诉讼，2012 年 11 月 29 日法院做出民事判决，判决李刚赔偿张强各项损失141670.88元。李刚随即提起诉讼要求被告保险公司给付交强险理赔款医疗费1万元、伤残赔偿金91070.88元，合计101070.88元。法院在审理阶段查明，解放牌货车为李刚实际购买，挂靠在虎林市运输有限公司并以其名义在保险公司投保机动车交通事故责任强制保险，保险期间为2011年9月29日零时起至2012年9月28日二十四时止。李刚对伤者张强的赔偿款并未全部给付完毕。至于本案如何处理，合议庭有两种不同意见。第一种意见是：支持原告合理部分的诉讼请求，保险公司在交强险限额内承担理赔责任。认为车主是本起事故的实际赔偿义务人，所以赔偿后有权要求保险公司进行理赔。第二种意见是：驳回原告的诉讼请求。认为该案实际车主不是被保险人，并不是保险合同的相对方，无权要求保险公司理赔。其实，李刚虽然不是机动车辆保险合同的被保险人，但其是保险车辆的实际所有人及使用人，车辆挂靠单位运输公司仅是名义上的投保者，挂靠单位运输公司并不对挂靠车辆的运行具有支配和控制的权利，不从车辆运行中获取利益，且该挂靠单位对原告李刚车辆挂靠事宜及保险情况均予以认可，应赋予车辆所有人有权向保险公司索赔。最后合议庭按第一种意见判决后，原、被告均未提起上诉。

本案所涉及的投保问题带有一定的普遍性。从尽量避免引发纠纷的角度来看，还是嘱咐大家尽量避免出现案例中的投保者与车主姓名不一致的问题。

21. 续车险怎样省钱

临近年底，车辆保险续保又迎来新的高潮，怎样续保车险更省钱应该是车主们最关心的问题。面对保险公司不同的优惠政策和理赔服务，车主在比较选择时常常不知所措。那么，续保车险如何省钱呢？下面提供的一些投保策略可能会对您有所帮助。

技巧一：适当增删险种可省钱。大多数车主普遍认为车险续保很简单，只要延续上一年的保险交完钱拿到保单就可以了。其实，这种想法存在着很大的误区。事物是不断变化发展的，上一年度选择的车险种类并不一定完全符合车主下一年度的新需求，或者说上一年度的出险情况，可能与车主购买车险的理赔范围并不相符。因此，在车险续保时可以考虑增删一些险种，也是可以节省保费的。车主们在选择增加或者减少险种的时候可以从多方面考虑，比如考虑一下车的用途是否发生了变化、汽车停放的地点和车龄等因素。如果车龄超过5年，车主们最好购买车辆自燃险，如果是新买的汽车发生自燃的概率比较少就没有必要再购买自燃险了；如果有些车主习惯将自己的车停放在容易浸水的地方比如地下车库等地方，车主们应该考虑购买涉水险和车损险。春去秋来，炎热的夏季，气温高，雨水多，建议车主们购买自燃险和涉水险。

技巧二：少出险可以享受大实惠。新的保险法规定，车主的理赔次数、金额直接决定了来年车险续保是否优惠。据调查了解，不少保险公司规定如果车主上一年度产生3次或以上理赔，被保险车辆出险3次后，保险公司将从第4次事故起，每增加一次保险事故，则在条款规定的免赔基础上增加5%免赔率，在一年内该项免赔最高可增加15%，下一年度车险保费费率就会在基本保费基础上再上浮10%，理赔次数越多上涨幅度也会越大。如果车辆在一个年度内频繁出险，出险总金额超过交强险保费金额，第二年的车险不但上浮10%，甚至最高有可能上浮到15%的水平。反之，如果车主上一年度一次事故都没发生，无理赔的话，车险费率就会下浮，同时还会享有更多的优惠折扣。针对车险理赔次数影响车险保费的问题，给大家提供下面的小窍门：如果发生了一些小的事故造成的损失不是很大，车主有能力自己承担的，最好不要找保险公司进行理赔，因为减少出险次数来年续保才有可能享受更大的实惠；如果车主上一年度出险次数较多，超过 3 次或更多，可以尝试着更换保险公司避免因理赔次数过多产生更多额外的费用。

技巧三：选好续保渠道也可省钱。现在的车险市场竞争日趋激烈，投保渠道也不再局限于传统的投保方式，电话车险投保、网上车险投保等一些新兴的投保续保方式逐渐被广大车主所熟知并运用。专家提醒车主，现在的车险产品逐渐同质化，那么选好车险续保渠道很重要，电话车险续保可以帮助车主省下不少费用。由于电话车险这种投保方式免去了中间代理人和中间结构的佣金，将利润直接让利给了车主，通过电话车险续保，车主可以享受更多的折扣和优惠。按照保监会的有关规定，商业车险费率最多的折扣是7折，如果车主选择电话车险续保可在原有7折的基础之上再享受15%的优惠，对于经济适用型车辆的车主来说再合适不过。而与电话车险同时配套的理赔一条龙服务，也将逐渐细化，成为电话车险的又一大优势。车主只要拨打保险公司的热线电话，其客服人员就会针对客户不同的需求提供相应的产品服务，也会根据客户的实际需求提供不同类型的车险险种搭配。

为了招揽客户，目前不少保险公司都规定单位招标投保车险其保费可打7折，并享受VIP服务。投保者可利用保险公司针对大额客户制定的优惠措施，以单位组团投保方式投保，保费在20万元以上，或者车辆达到20辆及30辆以上的，保费可以享受7折优惠，且参保单位车辆可以享受VIP级别服务。所谓的VIP服务，是指小事故（赔付金额在3000元以内）可以免现场查勘环节，车主不用等待保险公司工作人员到现场取证，自己用手机或者照相机拍照取证到保险公司理赔即可。

若投保者以报团方式团购车险，保险公司对投保客户的保费优惠20%～30%的幅度。据保险公司业内人士介绍，长期客户私人相互抱团，10人以上的可享受20% ~30%的优惠；如果出险次数少，出险总费用额度低，第二年团购则会有更多优惠。

技巧四：足额购买保费。当车主续保时，大部分保险公司一般会主动提供两种续保保额，一种是按照新车的购置价格续保，另一种是通过除掉汽车的折旧费用，按照汽车现在的实际价值续保。车主续保时，他们都会建议车主仍然以新车购置价为保额投保。因为汽车出现故障维修时，修理厂通常都是提供全新的配件，如果车主想要得到足额理赔，就必须按照新车购置价作为保额续保，才能享受到更换零部件所需的全部理赔额。车主如果以汽车实际价值为保额续保车险，其实就是等同于车主认可所有汽车零部件的保额都以它们的折旧价为理赔标准。当汽车出险受损时，保险公司只能按实际价值与新车价格之比，给予相应比例赔偿，不足的部分要由车主自行承担。为了保障自身的理赔权益最大化，建议大家在续保时应当以新车购置价为保额购买车险，多缴点保费，却换来足额的车损理赔，还是值得的。

需要强调的是，车主到了续保期一定要及时续保，不要错过续保的最佳时期。况且提前续保一般还会享受一定的优惠。不少车主续保不及时，使得爱车在相当一段时间内处于“裸奔”状态。而且脱保时间超过一个星期的汽车，保险公司会要求重新验车，增加投保手续。如果脱保时间过长，可能保费会随之增加。

22. 旧车买保险不再按新车“算钱”

截至2014年底，我国机动车保有量达2.64亿辆，其中私家车达1.05亿辆，全国平均每百户家庭拥有25辆私家车。商业车险事关千万家庭利益，但高保低赔、第三者责任险不包括车主或司机家人、车险购买之后不能及时生效等霸王条款多年来一直被社会诟病。2014年2月初，中国保监会正式宣布启动商业车险费率市场化改革，随即中国保险行业协会推出《2014版商业车险行业示范条款》，向社会公开征求意见。

业内人士指出，示范条款最大的亮点，就是妥善解决了困惑投保者的“高保低赔”和“无责不赔”问题。什么是高保低赔？一辆使用了10年后价值仅5万元的旧车，在投保商业车险时需按10万元的新车价缴纳保费，出险却只按旧车价理赔。

对此问题，示范条款明确，保险金额按投保时被保险机动车的实际价值确定。这样，旧车投保就无需按照新车购置价交保费，保险期间被保险机动车发生全部损失，保险公司按保险金额进行赔偿，而发生部分损失时，保险公司将按实际修复费用在保险金额内计算赔偿，这对被保险人是非常有利的规定。业内人士指出，这种制度安排，为下一步过渡到实行按车型定价（即保费）奠定了基础——“车型定价”更能客观和直观地反映不同车型的实际风险暴露以及维修成本水平，使得风险保费与实际风险暴露匹配。

根据2009年新《保险法》第55条规定，投保者和保险公司约定保险标的保险价值并在合同中载明的，保险标的发生损失时，以约定的保险价值为赔偿计算标准。投保者和保险公司未约定保险标的保险价值的，保险标的发生损失时，以保险事故发生时保险标的的实际价值为赔偿计算标准。保险金额不得超过保险价值。超过保险价值的，超过部分无效，保险公司应当退还相应的保险费。业内人士表示，新《保险法》规定投保金额不得高于标的物的价值，也就是说给旧车投保时不再按照新车价，而是按照旧车目前的价值，否则就是违法。同时，投保时保险公司应将这一事项明确告知投保者。投保者事后知道真相的话，有权要求保险公司退还多收的保费。这就意味着，今后车主为车辆购买车损险时，价格可根据车辆折旧情况而定，不再由保险公司说了算。

不少业内人士表示，如果车险定价采取一刀切的办法，仅仅按车辆实际价值投保，出险后理赔势必也要打上折扣，即车主可能要分摊一部分保费，因为旧车碰撞需要更换新配件的客观事实，让保险公司不得不考虑以实际价值投保可能带来的损失。针对旧车投保问题，目前多数保险公司仍是按新车购置价投保处理，也有根据车辆的实际价值投保，也就是在新车购置价的基础上进行折旧，折旧率一般为20%左右。此外，还有个别保险公司采取双方协商的办法，来确定新车购置价投保方式。而相比上述三种投保方式，“按实投保”最划算，但是如此一来，发生损失时赔偿标准是有区别的，有的保险公司按照折旧比例赔偿，如保额折旧 20%，赔偿也折旧 20%。这样导致的结果是，保险公司赔偿金额有时不能满足全部需要，车主得自己补充不足的部分，花钱投了保，赔偿时还得自己掏钱，这让很多车主难以接受。当然也有的保险公司有一些变通，如果是新车投保，按照新车购置价投保，车辆出险后，无论是全部报废还是仅部分损失，按新车购置价格来理赔；如果是旧车投保，按照折旧后的实际价值来投保，在发生车辆全损导致报废或盗抢的情况下，保险公司根据折旧后的价值来赔偿，如果车辆仅发生部分损失，则按新车购置价来理赔。

示范条款废除“无责不赔”，完善代位追偿。所谓“无责不赔”，是指按现行条款，发生车损事故本车无责任时，对于第三者造成的本车损失要求被保险车辆直接向责任人追偿，保险公司不予赔偿。此次示范条款规定“因第三方对被保险机动车的损害而造成保险事故，被保险人向第三方索赔的，保险公司应积极协助；被保险人也可以直接向保险公司索赔，保险公司在保险金额内先行赔付被保险人，并在赔偿金额内代位行使被保险人对第三方请求赔偿的权利”，这就较好地解决了长期困扰被保险人在车险事故中本车无责任时，保险公司不予赔偿的问题。而考虑到以往代位追偿成功率很低，追偿成本很高的实际，为了鼓励被保险人尽力协助追偿，示范条款规定保险公司在追偿之前赔偿被保险人时，有30%的免赔，等于是让投保者分担部分追偿成本。

示范条例删减15项争议内容，扩大保险保障范围。从2013年统计数据来看，全国车险涉诉案件达60万件，很多案件是由于车险条款不够规范或存在歧义所致。比如，以前的商业第三者责任保险条款将被保险人和驾驶人家庭成员的人身伤亡列为免责范围，这些家庭成员在事故中发生人身伤亡，保险公司将不予赔偿。这种规定引起长时间的关于什么是保险中的“第三者”的争议，也因此引发不止一起法律诉讼。而此次示范条款将“投保者”纳入第三者范围，并进一步明确了“车上人员”的范围为“发生意外事故的瞬间，在被保险机动车车体内或车体上的人员，包括正在上下车的人员”，扩大了被保险人范围。示范条款将被保险人的家庭成员例如配偶、子女、父母等，因为本车意外造成的人身伤亡纳入保险公司的承保范围，如果再发生驾驶人员因倒车操作意外致妻子、子女伤亡，就不会因为拒赔发生不必要的纠纷。业内人士指出，示范条款对现行商业车险条款责任免除中争议较大的“车上人员在被保险机动车车下时遭受的人身伤亡”、“驾驶证失效或审验未合格”等15项内容进行了删减，从而进一步扩大了保险保障范围。

示范条款还对主险、附加险的种类进行了大幅度调整。比如，将老条款里的两种主险，即车辆损失险和第三者责任险重新设计为车辆损失险、第三者责任险、车上人员责任险和全车盗抢险四种。新条款实施后，现行附加更换轮胎服务、附加送油、搭电启动服务、附加拖车服务内容放入主险的责任，大大方便了投保者，也减少了投保者的负担。

示范条款体现人性化，投保可即时生效。今后，车险投保者在投保时将领到一本字体清晰、表述通俗的小册子，取代之前字体密密麻麻、表述拗口费解的几页保险合同。对比2009年版商业车险条款，此次示范条款精简优化了保险条款体系和结构，除对特种车、摩托车、拖拉机，单程提车单独设置条款外，其余机动车均采用统一的保险条款。同时，对责任免除中免责事项进行归类梳理，一方面将免赔率与免赔额单独列明，另一方面将责任免除条款划分为不保情形、原因除外、损失和费用除外三类。据中国保险行业协会有关负责人介绍，为满足保险投保者对保险单“即时生效”的需求，此次条款修订删除了保险单中“次日零时生效”的约定，遵循契约自由原则，允许投保者在“零时起保”或者“即时生效”之间做出选择，允许有条件的保险公司自行设计投保单。

23. 养老保险怎样投保更划算

养老保险，是国家和社会根据一定的法律和法规，为解决劳动者在达到国家规定的解除劳动义务的劳动年龄界限，或因年老丧失劳动能力退出劳动岗位后的基本生活而建立的一种社会保险制度，是社会保障制度的重要组成部分，是社会保险五大险种中最重要的险种之一。养老保险的目的是为保障老年人的基本生活需求，为其提供稳定可靠的生活来源。

养老保险在法定范围内的老年人“完全”或“基本”退出社会劳动生活后才自动发生作用。所谓“完全”是以劳动者与生产资料的脱离为特征；所谓“基本”指的是参加生产活动已不成为主要社会生活内容。我国的养老保险由四个层次（或部分）组成。第一层次是基本养老保险，第二层次是企业补充养老保险，第三层次是个人储蓄性养老保险，第四层次是商业养老保险。在多层次养老保险体系中，基本养老保险的受众面是最广的，同时也是最高层次的保险。

（1）基本养老保险。亦称国家基本养老保险，是国家和社会根据一定的法律和法规，为解决劳动者在达到国家的解除劳动义务的劳动年龄界限，或因年老丧失劳动能力退出劳动岗位后的基本生活而建立的一种社会保险制度。基本养老保险以保障离退休人员的基本生活为原则，具有强制性、互济性和社会性。它的强制性体现在由国家立法并强制实行，企业和个人都必须参加而不得违背；互济性体现在养老保险费用来源，一般由国家、企业和个人三方共同负担，统一使用、支付，使企业职工得到生活保障并实现广泛的社会互济；社会性体现在养老保险影响很大，享受人多且时间较长，费用支出庞大。

（2）企业补充养老保险。又称企业年金，是指由企业根据自身经济承受能力，在参加基本养老保险基础上，企业为提高职工的养老保险待遇水平而自愿为本企业职工所建立的一种辅助性的养老保险。企业补充养老保险是一种企业行为，效益好的企业可以多投保，效益差的、亏损企业可以不投保。实行企业年金，可以使年老退出劳动岗位的职工在领取基本养老金水平上再提高一步，有利于稳定职工队伍，发展企业生产。

（3）个人储蓄性养老保险。职工个人储蓄性养老保险是我国多层次养老保险体系的一个组成部分，是由职工自愿参加、自愿选择经办机构的一种补充保险形式。实行职工个人储蓄性养老保险的目的，在于扩大养老保险经费来源，多渠道筹集养老保险基金，减轻国家和企业的负担；有利于消除长期形成的保险费用完全由国家包下来的观念，增强职工的自我保障意识和参与社会保险的主动性；同时也能够促进对社会保险工作实行广泛的群众监督。

（4）商业养老保险是以获得养老金为主要目标的长期人身险，它是年金保险的一种特殊形式，又称退休金养老保险，是社会养老保险的重要补充。商业性养老保险的被保险人，在缴纳了一定的保险费以后，就可以从一定的年龄开始从保险公司领取养老金。这样，尽管被保险人在退休之后收入下降，但由于有养老金的帮助，他仍然能保持退休前的生活水平。商业养老保险，如无特殊条款规定，则投保者缴纳保险费的时间间隔相等、保险费的金额相等、整个缴费期间内的利率不变且计息频率与付款频率相等。

养老保险的特点是：一是由国家立法，强制实行，企业单位和个人都必须参加，符合养老条件的人，可向社会保险部门领取养老金。二是养老保险费用来源，一般由国家、单位和个人三方或单位和个人双方共同负担，并实现广泛的社会互济。三是养老保险具有社会性，影响很大，享受人多且时间较长，费用支出庞大。因此，必须设置专门机构，实行现代化、专业化、社会化的统一规划和管理。

目前，基本养老保险费由企业和职工个人共同负担。企业按本企业职工上年度月平均工资总额的20%缴纳（部分省市略有调整），职工个人按本人上年度月平均工资收入的8%缴纳；城镇个体工商户、灵活就业人员和国有企业下岗职工以个人身份参加基本养老保险的，以所在省上年度社会平均工资为缴费基数，按 20% 的比例缴纳基本养老保险费，全部由自己负担。职工缴费工资高于所在省上年度社会平均工资 300% 的，以所在上年度社会平均工资的 300% 为缴费基数；职工缴费工资低于所在省上年度社会平均工资 60% 的，以所在省上年度社会平均工资的 60% 为缴费基数。个人身份参加养老保险的以当地上年度在岗职工社会平均工资的一定比例作为个人缴费基数，可选择的档级为 60%、80%、100%，基于如今社会平均工资逐年提高，考虑到个人承受能力，部分省市增加 40% 的档级。

投保养老保险的职工按月领取基本养老金必须具备三个条件：一是达到法定退休年龄并已办理退休手续；二是所在单位和个人依法参加养老保险并履行了养老保险缴费义务；三是个人缴费至少满 15 年（过渡期内缴费年限包括视同缴费年限）。

目前，企业职工法定退休年龄规定如下：男职工 60 岁；从事管理和科研工作的女职工 55 岁；从事生产和工勤辅助工作的女职工 50 岁；自由职业者、个体工商户女年满 55 周岁。

基础养老金缴费额 = 全省上年度在岗职工月平均工资（1 + 本人平均缴费指数）÷2 × 缴费年限 ×1%

个人账户养老金缴费额 = 个人账户储存额 ÷ 个人账户养老金计发月数

基础养老金与个人账户养老金之和为每月职工个人的养老金领取额。新《保险法》规定了参加职工基本养老保险的人员，达到法定退休年龄时累计缴费不足15年的，可以延长缴费至满15年。社会保险法实施前参保、延长缴费5年后仍不足15年的，可以一次性补缴至满15年。对于未继续缴费或者延长缴费后累计缴费年限仍不足15年的人员，可以申请转入新型农村社会养老保险或者城镇居民社会养老保险，享受相应的养老保险待遇。对于不愿意延长缴费至满15年，也不愿意转入新型农村社会养老保险或者城镇居民社会养老保险的，可以申请将其个人账户储存额一次性支付给本人。新《保险法》还规定退休人员享受基本医疗保险待遇的缴费年限按照各地现有规定执行。明确个人账户不得提前支取和个人账户余额继承办法。参加职工基本养老保险的个人，在达到法定退休年龄前离境定居的，其个人账户予以保留；达到法定退休年龄的，按照国家规定享受相应的养老保险待遇。同时，明确参加职工基本养老保险的个人死亡的，个人账户中的余额可以全部继承。

商业养老保险主要有传统的养老保险、分红型养老保险、万能型寿险、投资连结保险四种类型。

传统的养老保险是投保者与保险公司通过签订合同，双方约定确定的领取养老金的时间，约定相应的额度领取，通常来说，其预定利率是确定的，一般维持在 2.0% ~2.4%。历史上，这个预定利率都会与当时的银行利率保持相当水平。银行利率高时，这个预定利率也高。在 20 世纪 90 年代末的高利率时代，商业养老保险的预定利率曾高达 10%，但目前不会超过 2.5%。传统的养老保险的卖点是回报固定且风险低。由于这类产品的回报是按照合同约定的预定利率来计算，因而不受外界银行利率变动的影响。即使是在出现零利率或者负利率的情况下，也不会影响养老金的回报利率。进入 2015 年后，银行五年期存款利率已经下调到 3.9% 左右，但是在 20 世纪 90 年代末期出售的一些养老产品，仍然按照当时 10% 的利率设计来支付养老金。传统的养老保险缺陷主要是很难抵御通胀的影响。由于购买的产品是固定利率的，如果通胀率比较高，从长期来看，就存在贬值的风险。且投入到养老保险的资金，同时也失去了在股票、基金等渠道里获利的投资机会。传统的养老保险适合以强制储蓄养老为主要目的，在投资理财上比较保守的人士购买。

分红型养老保险通常有保底的预定利率，但这个利率比传统养老险稍低，一般只有 1.5% ~ 2.0%。分红险除固定的最低回报外，每年还有不确定的红利获得。分红型养老保险的优势在于除了有一个约定的最低回报，这部分资金的收益还与保险公司经营业绩挂钩，理论上可以回避或者部分回避通货膨胀对养老金的威胁，使养老金相对保值甚至增值。分红型养老保险的缺陷表现在分红具有不确定性，红利的多少和有无，与保险公司的经营状况有关系，也有可能因该公司的经营业绩不好而使自己受到损失。目前我国规定，保险公司应当将可分配盈余的 70% 以红利的方式分配给投资人。分红型养老保险适合既要保障养老金最低收益，又不甘于坐看风云者购买。

万能型寿险在扣除部分初始费用和保障成本后，保费进入个人投资账户，有保底收益，一般在 1.75% ~2.5%，有的与银行一年期定期税后利率挂钩。除了必须满足约定的最低收益外，还有不确定的额外收益入账。万能型寿险的优势在于下有保底利率，上不封顶，每月公布结算利率，大部分在 5% ~6% 之间，按月结算，复利增长，可有效抵御银行利率波动和通货膨胀的影响。账户比较透明，存取相对比较灵活，追加投资方便，寿险保障可以根据不同年龄阶段提高或降低。万能型寿险可以灵活应对收入和理财目标的变化。万能型寿险目前存在的主要缺陷是：该险种承诺有 1.75% ~2.5% 的保底收益，但是，储蓄利息的计算基数是进入银行账户的所有本金，而万能险的收益计算基数是保单的账户价值，即个人所缴保费中，扣除初始费、账户管理费等费用以外的资金部分。若以 30 岁男性客户每年分别将固定资金投向某公司万能险和银行储蓄相比较，到第 5 年，这位客户无论是每年投 5000 元、1 万元还是 5 万元，收益率都不如银行储蓄高。万能型寿险适合理性投资理财者，坚持长期投资，自制能力强。

投资连结保险是一种基金，是一种长期投资产品，设有不同风险类型的账户，与不同投资品种的收益挂钩。投资连结保险不设保底收益，保险公司只是收取账户管理费，盈亏由客户自负。其产品优势在于以投资为主，由专家理财选择投资品种，不同账户之间可自行灵活转换，以适应资本市场不同的形势。如果坚持长线投资，有可能收益很高。投资连结保险的缺陷主要是投资风险非常高。如果受不了短期波动而盲目调整，有可能损失较大。投资连结保险适合风险承受能力强，以投资为主要目的，同时兼顾养老的年轻人群体。

24. 送给孩子最好的礼物

给孩子定期送上一份礼物是许多家长增进孩子情感的好方式。但从实惠实用的角度来看，送上一份保险作为礼物恐怕会更加有助于孩子的健康成长。细想起来，家长为孩子投保的理由有很多，但归纳一下大致会有以下几个方面：第一是转移风险，避免家庭经济发生问题，保障家庭生活安定。最新的统计数据表明，儿童期意外伤害以每年 7% ~10% 的速度增加，我国 0 ~14 岁儿童排名第一；而采用国际疾病分类法，亦将儿童意外伤害列为一类疾病。无论是意外还是伤残，对每个家庭特别是独生子女家庭都是无法接受的打击和难以弥补的永久伤痛。通过保险，虽然不能避免意外的发生，但是却能有效地转移风险，保障家庭生活的基本安定。第二是为子女成长的不同阶段预先准备教育金。伴随着教育观念的深入人心，子女的教育费用也一路飙升。所谓凡事“预则立，不预则废”，及早准备预设的不仅是子女的教育金，还有子女受教育的机会和前途。第三是培养子女的保险观念，建立良好、长期的风险规划。人生充满着风险与意外，父母的羽翼再宽广也不可能呵护子女一辈子。伴随子女成长的保险在保障子女的同时，也是在不断提示着子女风险的存在与防范的重要，有助于培养子女保险观念，建立良好长期的风险规划。第四是让子女从小养成良好的价值观，培养子女的责任感。言传不如身教，通过保险定期定额的理财，尤其鼓励子女利用自己的零用钱、压岁钱等参与的储蓄、投资性保险，有助于培养子女的价值观和增强对自己对他人的责任感。第五是向孩子展现家长无私的爱和责任感。孩子作为父母生命的延续，每位父母都会给予孩子最无私的爱。保险就是父母对子女爱与责任感的最好载体，甚至可以在父母不能继续关爱子女时仍可以“挺身而出”，代为完成父母应有的使命及延续无尽的爱意。第六是年龄越小投保，保费越便宜。在以年龄、身体素质等为要件计算的保险费率，在年龄越小、身体机能越好时不仅可获得更低的投保费率，也更容易获得承保。第七是人寿保险收益具有避税作用。作为一种风险规划，保险提供的既是一份保障，同时其良好的避税功能还会成为许多家庭不错的理财选择。

王文娟女士今年 29 岁，是一家商业公司的职员，年收入在人民币 8 万元左右。其丈夫吴颜良是一位 IT 公司的工程师，今年 34 岁，年收入在人民币 12 万元左右。由于在北京打拼多年，小两口在北京有正式户口，有房，无车，无负债。儿子亮亮 6 个月，享受北京市的“一老一小”保险，夫妻俩想为孩子购买一份每年预算 1 万元左右的保险并保到孩子成年。夫妻俩都非常注重孩子的教育，希望这份保险能让孩子在上大学时，每年固定从保险公司领取大学教育金，还希望这份保险能在孩子大学毕业进入社会时，能提供一笔创业金或留学金，给孩子一个起飞平台，让孩子有机会放手一搏，有勇气选择自己喜欢职业，因此这份保险保到孩子成年

就好。因为已经有北京市的“一老一小”保险，因此希望这份保险还能提供“重疾医疗+住院报销+意外医疗”的保障。而且王女士有一个观念，大病险要专门保孩子在成长过程中的高发疾病，而且现在小儿白血病的发病率非常高，因此也希望保险公司能对这一块有额外的保障。王女士还谈到，在孩子出生以后，切身感觉到了身上的责任，夫妻俩的健康和平安其实就是孩子最大的保障，因此补充夫妻俩的人身保障以及健康保障也显得非常有必要。虽然夫妻俩都要为自己购买保险，但还是希望孩子的这份保险能拥有豁免功能，更能体现保险的价值。

给孩子买保险，其实就是让孩享有更好的教育权和就医权。而给孩子在保险公司购买教育金保险，不是为了高收益，而是在保险公司存入教育金储蓄，因为这是将来确定会发生的教育费用，建议提早为孩子准备。而孩子在成长期间，身体抵抗能力差，容易感冒发烧，而且现在的医疗费用又那么高。所以，购买一般的疾病住院医疗保险是必不可少的。当然，如果孩子可以享受到父母的公费医疗报销，这部分保障就可以省去。还有，现在很多城市都有专门针对儿童的疾病医疗保障，父母可以去关注一下。由于儿童都是好动的，喜欢新鲜事物，所以意外险是一定要购买的。尤其是意外医疗，因为孩子在玩耍时磕磕碰碰难以避免，意外医疗保险就显得尤其重要。目前很多保险公司都有专门针对儿童的意外产品，价格较低，保障也比较全面。

需要说明的是，由于绝大多数的孩子自身没有经济能力，投保者多为家长，为了防止在保险期间，家长无力继续缴付保费，在购买主险时可以购买豁免保费附加险。这里需要强调的是，选择儿童险的重要原则是保障第一，收益第二。有的家长在购买保险时经常走入误区，往往只偏重于能够给付教育保险金的险种，甚至很多家长为孩子投保养老险。在给孩子挑选保险时，保障应尽可能的全面，在有余力的条件下，再为孩子考虑购买有投资功能的保险。另外，在投保的时候，要坚持量入投保。这是非常重要的，家长要审慎选择，根据自己的实际收入水平，估计每年缴纳的保险费用。一般情况下，根据以往的经验，年交保费不应超过年收入的15% ~20% 。同时，坚持先大人、后孩子也是一条重要的原则。很多人在购买少儿险的时候有个误区，就是先保小孩，后保甚至不保大人。这显然是不妥的，孩子固然重要，但别忘记家长毕竟是收入的来源。只给孩子投保，万一家长发生意外，孩子就失去了保障的来源，而如果保费过多，还有可能会影响家人的生活。从购买儿童保险产品的次序看，家长在选择少儿险时，应优先购买意外、健康类少儿险种。许多家长购买少儿保险时，首先想到的就是教育金保险，生怕自己的孩子输在起跑线上。储备教育金的方法有多种，但能提供保障的却只有保险，且健康与发展相比，宝宝的健康更为重要。宝宝身体娇弱，又淘气好动，感冒发烧、跌打损伤是家常便饭，因而可报销医疗费用的少儿医疗险、涵盖医疗责任的综合意外险自然不能少。

需要提醒大家的是，比起给孩子买保险来，给大人自己买保险更重要。保险是种特殊的商品，如果您给自己购买，受益的却不一定是自己。宝宝们从出生到大学毕业的 20 多年间，都需要依赖父母才能健康成长并顺利完成学业。因此，想要给宝宝一个精彩的未来，家长首先应该给家庭支柱自己购买意外险、寿险等人身保障产品，让自己任何时候都能充当起孩子的保护伞。

25. 分红险、投资连结险与避税

分红险是指保险公司在本年度结束后，将上一年度该类分红保险的可分配盈余，按一定的比例、以现金红利或增值红利的方式，分配给客户的一种人寿保险。中国保监会目前的统计口径中，分红寿险、分红养老险、分红两全险及其他有分红功能的险种都被列入分红险范围。目前，分红保险的红利来源于死差益、利差益和费差益所产生的可分配盈余。其中，死差益是指保险公司实际的风险发生率低于预计的风险发生率，即实际死亡人数比预定死亡人数少时所产生的盈余；利差益是指保险公司实际的投资收益高于预计的投资收益时所产生的盈余；费差益是指保险公司实际的营运管理费用低于预计的营运管理费用时所产生的盈余。

由于保险公司在厘定费率时要考虑三个因素：

预定死亡率、预定投资回报率和预定营运管理费用，而费率一经厘定，不能随意改动。但寿险保单的保障期限往往长达几十年，在这样漫长的时间内，实际发生的情况可能同预期的情况有所差别。一旦实际情况好于预期情况，就会出现以上差益，保险公司将这部分差益产生的利润按一定的比例分配给客户，这就是红利的来源。

这种将利差、费差、死差参与红利分配的方法，实际上属于美式分红方法；而保额分红则属于英式分红方法，是以保额为基础进行分红，将当期红利增加到保单的现有保额之上。此种分红方式更能突出保险产品特有的投资与保障的特性，使投保人在保障期内无需核保、申请增加保额便可满足其不断增长的保障需求，在一定程度上可以缓解因通货膨胀可能导致的保障贬值。

中国保监会规定保险公司每年至少应将分红保险可分配盈余的70%分配给客户。红利分配有两种方式：现金红利和增额红利。目前国内大多数保险公司采取现金红利方式。现金红利法就是每个会计年度结束后，寿险公司首先根据当年度的业务盈余，由公司董事会考虑指定精算师的意见后决定当年度的可分配盈余，各保单之间按它们对总盈余的贡献大小决定保单红利。保单之间的红利分配随产品、投保年龄、性别和保单年限的不同而不同，反映了保单持有人对分红账户的贡献比率。一般情况下，寿险公司不会把分红账户每年产生的盈余全部作为可分配盈余，而是会根据经营状况，在保证未来红利基本平稳的条件下进行分配。未被分配的盈余留存公司，用以平滑未来红利、支付末期红利或作为股东的权益。现金红利法下盈余分配的贡献原则体现了红利分配在不同保单持有人之间的公平性原则。在现金红利法下，保单持有人一般可以选择将红利留存公司累计生息、以现金支取分红险红利、抵扣下一期保费等方法支配现金红利，对保单持有人来说，现金红利的选择比较灵活，满足了客户对红利的多种需求。对保险公司来说，现金红利在增加公司的现金流支出的同时减少了负债，减轻了寿险公司偿付能力的压力。增额红利是指整个保险期限内每年以增加保险金额的方式分配红利。保单持有人只有在发生保险事故、期满或退保时才能真正拿到所分配的红利。增额红利由定期增额红利、特殊增额红利和末期红利三部分组成。定期增额红利每年采用单利法、复利法或双利率法将红利以一定的比例增加保险金额；特殊增额红利只在一些特殊情况下如政府税收政策的变动时将红利一次性地增加保险金额；末期红利一般为已分配红利或总保险金额的一定比例，将部分保单期间内产生的盈余递延至保单期末进行分配，减少了保单期间内红利来源的不确定性，使每年的红利水平趋于平稳。

分红型保险从某种意义上来说是最“便宜”的保险。保险公司收了您和其他人的保费如果去掉赔付和公司运营成本后仍有剩余的话，剩余的钱会通过红利返还给您。保险公司拿您的保费进行投资，投资收益的七成以上也会通过红利方式返还给您。通过这些可以保证您得到保障而相应付出的金钱是最少的。但是，分红险的分红收益是不确定的，因为其来源是费差、利差和死差，当保险公司的盈利多时分到的红利就多，当保险公司的盈利少时分到的红利就少，具体客户能得到多少现金要看合同里写了多少，所以用来理财不合适，用来防范风险才是其最大的优势。

投资连结保险的正式名字称为变额寿险。投资连结保险最大的特点就是身故保险金和现金价值是可变的。经营投资连结保险的保险公司需要单独设立投资账户，将保户缴纳的保费扣除经营成本和弥补当年赔付所需费用之后的余额，也就是传统寿险中被作为现金价值积累起来的部分，转入分离的投资账户，而保户可以在规定的范围内指定资金的投资方向，多数保险公司提供的投资途径有普通股票基金、债券基金以及其他基金产品。

人们不幸身故的可能性会随着年龄的增长而逐渐上升，而且上升的速度也会越来越快。对不同年龄的被保险人而言，以身故作为给付前提的人寿保险的成本必然存在差异。越是高龄的被保险人，需要缴纳的保费也就越高。如果收取水平保费，保单早期所缴纳的保费必然会高于保单的实际成本，而在后期，水平保费则会低于实际成本，高出来的这一部分便累积起来，成为保单的“现金价值”。当然，在趸缴保费的情形下，投保者缴纳的初期保费大大高于当期的保险成本，现金价值积累得更快，初期的现金价值也越高。正是因为现金价值是由投保者所缴纳的多余保费积累起来的，所以这部分资金从本质上来讲是属于投保者自己的，于是在退保时保险公司应该向保户返还保单当时已经积累起来的现金价值。这就使得人寿保险具有了储蓄的特征。

35岁的张某是兰州一家企业的高层管理人员，月收入在10000元左右，有社保福利的同时，公司为管理层另外投保的商业补充20万元意外及住院医疗保险，同时自已又购买有20万元的重大疾病保险。张某名下有未还清的房贷共计15万元，还贷期限还剩10年。张某今年增添小孩子后更加感到家庭责任的重大，也意识到下一步面临的问题就是小孩子的教育及自已的养老问题，自己平时工作忙又不能抽出太多时间做更多的投资理财，苦于寻找一种稳健、低风险、又省时省心的理财产品。张某到理财公司咨询后，保险员为其推荐了目前最新的投连产品，其解决方案是：35岁的张先生年缴6000元（月500元），缴费期限10年，保额15万元。另每年年底再从年终奖中额外拿出10000元作为追加投资，连续追加期限10年。其总投入保费金额是6000×10+10000×10 =160000元。由于均摊到每个月固定小额强制投入500元，既不影响现有生活质量，又不用费时费心打理。张某在享有15万元的高额身故及全残保障的同时，又可以借稳健的机构投资分享稳定的投资收益，其60岁时账户价值是：低档按利率3%计算是230072元；

中档按利率5%计算是346964元；高档按利率7%计算是517454元。

以上账户价值可在自己退休时作为一笔退休金提取出来，或是在任何需要的时间自由增加投资成本或支取用于小孩的教育；如若发生不幸又可作为给予家庭一笔可观的经济补偿，稳固生活质量不受任何风险的威胁。投资连结险，简单地说就是大家所交的保费分成两部分，一部分为您提供保障，另外一部分进入投资账户，是一个具有投资功能的险种。进入投资账户的保费，有保本型的，有平衡型的，有进取型的。各种账户最大的区别就是收益越高，所要承担的风险越高。

至于大家比较关心的投保避税问题，投资连结保险确实具有这个方面的作用。若投保者王某扣除“五险一金”后的月薪收入10000元，按个税起征点3500元计算，他每月应缴纳的税款是745元。一年应缴税款就是8940元。若按照建议每月拿出5000元作理财金存进保险公司的个人账户进行投资，履行理财计划之后每月的个人所得税缴税额是45元，全年缴税额只有540元。而一年下来的理财金收益按年收益5%中档水平计算，王某投资账户里的全年收益会有3000元。若按个人所得税率20%进行计算，应负担的个人所得税款是600元。

再加上避税金额 7800 元，实际收益 10800 元。但就目前来看，分红型保险的分红金额属于投保者的固定投资收益，应按照个人所得税法规定的 20% 的税率计算缴纳税款，避税作用并不明显。

26. 种植业保险破“靠天吃饭”

种植业保险是指以农作物及林木为保险标的，对在生产或初加工过程中发生约定的灾害事故造成的经济损失承担赔偿责任的保险。种植业保险的出现从根本上改变了过去种植业靠天吃饭的习惯，给新型的职业农民提供了更加安全的生产保障。目前，种植业保险主要有农作物保险和林木保险两大类。若按保险标的划分，种植业保险分为五大类。其中，第一类粮食作物保险包括稻谷保险、小麦保险、玉米保险、大豆作物保险、其他粮食作物保险；第二类经济作物保险包括棉花保险、油料作物保险、糖类作物保险、烟草保险、其他经济作物保险，此外还包括水果和果树保险；第三类其他作物保险包括蔬菜作物保险、饲料作物保险、塑料大棚蔬菜种植保险；第四类是农作物火灾保险；第五类是林木保险。若按农作物所处生长时期划分，可分为生长期农作物保险和收获期农作物保险。目前国内经营种植业保险的保险公司主要有：安信农业保险股份有限公司、安华农业保险股份有限公司、阳光农业相互保险公司和国元农业保险股份有限公司。

关于保险金额的确定方面，生长期农作物保险确定保险金额的方法有以下两种：第一种方法是按生产成本确定保险金额。生产成本包括种子、肥料、农药、人工作业费、机械或畜力作业费、排灌费、田间运输费等其他费用，一般不包括人工费。按这种方法确定保额，一般要对当地的农作物种植成本进行调查。第二种方法是按产量确定保险金额。首先是确定保险产量。一般是调查前 3～5 年农作物产量的统计数字，所选年份一定要连续，其保障水平一般按 3～5 年平均产量的 40%～60%。其次是确定保险价格。保险价格一般按国家的农产品平均收购价或商业合同价确定，最低以国家的保护价为限。最后是计算保险金额。保险价格与每亩保险产量的乘积，即为每亩农作物的保险金额。

至于费率的厘定方面，保险公司厘定种植业保险费率时目前主要考虑以下几方面的因素：第一是测算范围。目前，以县的范围为单位来测算保险损

失率和保险费率，比较实际。根据各县农作物种植的实际和不同的损失情况，实行区域性档次费率，较为准确，投保者和被保险人也比较容易接受，也便于承保工作的开展。若在全国、一个省或较大范围的地区实行一个费率，就会导致投保者的逆选择。第二是参照农作物种植区划。一般情况下，平原地区农作物种植区划较为单一，而在山区、平原、丘陵相互交叉的地区，农作物种植区划就比较复杂。尽管农作物种植区划和农业保险区划不同，但在同一个种植区划内的农作物种类和生产水平大体相当。所以，测算损失率时，可参照农作物的种植区划。第三是选择资料年限。保险公司会在调查研究的基础上，对确定测算范围的生产水平、种植面积、灾害损失情况进行逐年分析，看正常年景是否保持相近水平。若长时期变化不大，所选择测算资料的年限应长些，一般来说，最好有 25 年以上的连续数据资料。若资料情况呈趋势性变化，则可缩短选择测算资料的年限，但至少应选择近 5 年的资料数据。第四是考虑保障程度高低。保障程度高，费率水平高；保障程度低，费率水平低。

损失程度的确定方面，保险公司主要采取的方法有产量测定、运用作物产量构成因素计算、利用遥感技术定损。

赔偿方式主要有按损失程度比例赔偿方式和按收获产量与保险产量的差额赔偿方式。其中，按损失程度比例赔偿方式适用于种植业成本保险。根据农作物种植物化成本是随着生长进程逐渐投入的特点，将农作物生长期分为几个阶段，如苗期、营养生长期、生殖生长期，不同生长期实行不同的赔偿标准。保险农作物无论发生绝产或部分损失，均按当时的赔偿标准和损失程度比例赔偿。通用的赔款计算公式是：赔款额 ＝ 受灾当期单位面积赔偿标准 ×（损失程度 － 免赔率） × 受损面积。按收获产量与保险产量的差额赔偿方式。这种赔偿方式适用于农作物产量保险。发生绝产损失时，按不同阶段确定的最高赔偿标准赔偿。苗期发生损失时，可重播的，按重播的种子秧苗费计算赔偿金额，经一次赔付后保险责任并不终止；不可重播的，经一次赔付后保险责任即行终止。生长后期和成熟收获期发生绝产损失，经一次性赔付后保险责任即行终止。发生部分损失时，按实际收获产量与保险产量的差额赔偿。多次发生保险责任范围内的损失，按发生最终一次保险灾害后的实际收获产量与保险产量的差额赔偿。但不论发生全部损失还是部分损失，当保险面积小于实际播种面积时，按保险面积与实际播种面积的比例计算赔偿金额。当保险面积大于实际播种面积时，按实际损失面积计算赔偿金额。部分损失情况下的赔款计算公式是：赔款额＝保险价格×（保险产量－收获产量）×受损面积×（1－免赔率）

在保险期间内，由于下列原因造成保险标的直接物质损坏或灭失，且损失程度达到20%、冻灾和旱灾与病虫鼠害损失达到30%以上时，保险公司会按照保险合同的约定，区分水、旱地在保额内负责赔偿。所称原因是：暴雨、洪涝（政府行蓄洪区除外）、风灾、雹灾、冻灾、旱灾、病虫鼠害。

因下列原因造成保险标的损失，保险公司不负责赔偿：投保者、被保险人及其家庭成员或其雇用人员的故意或重大过失行为；保险标的因种植于河滩地、警戒水位线以下地区及行洪、滞洪区域内导致的损失；地震、地陷；政府行政行为或执法行为；战争、敌对行动、军事行为、武装冲突、罢工、骚乱、暴动、恐怖主义活动；核辐射、核爆炸、核污染及其他放射性污染，大气污染、土地污染、水污染及其他各种环境污染，但因保险事故造成保险标的的污染不在此限。同时还规定下列损失和费用，保险公司也不负责赔偿：因人为因素、技术水准与标准化操作技术规程不符及管理不善导致的损失；因种子、化肥、农药等质量问题导致的损失；发生保险责任范围内的损失后，被保险人自行毁掉或放弃保险作物种植或改种其他作物的；其他不属于保险责任范围内的损失和费用。

投保者投保种植业保险，应在保险合同成立时一次性支付保险费，保险费交付前发生的保险事故（指保险费未到保险公司账户前发生的保险事故），保险公司不承担赔偿责任；保险合同一经成立，投保者不得中途退保。在保险期间内，如出现被保险人名称变更、保险标的权属变更、耕种品种变更、耕种面积变更，足以影响保险公司决定是否继续承保或是否更改保险条件的，被保险人应及时书面通知保险公司。因上述保险合同重要事项发生变更，被保险人未及时履行通知义务的，发生保险事故后，保险公司不承担赔偿责任。投保者在事故发生后的 48 小时内通知保险公司，并说明事故发生的原因、经过和损失情况；对因未及时通知导致保险公司无法认定事故原因的，保险公司不承担赔偿责任；对因未及时通知导致保险公司无法核实损失情况的，保险公司对无法核实部分不承担赔偿责任。

保险事故发生后，投保者、被保险人到所投保的保险公司请求赔偿时，应提交如下书面索赔材料：保险单正本和分户清单、气象部门出具的灾情证明书或农业技术部门出具的损失鉴定书、索赔申请书和损失清单。

27. 养殖大户请个“弼马温”回家

《西游记》中的弼马温是避马瘟的谐音，是养马的小官。弼，是辅助的意思，又是避的谐音；瘟是发病的意思，又是温的谐音。避马瘟源于古时候民间一种传说，是将母猴子的尿与马料混合在一起喂马，可以避免马生病。玉皇大帝让孙悟空担任弼马温一职，看似承认他的能力并任用他了，其实质是天界对孙悟空的极大嘲弄。因为孙悟空不是只母猴子，是只公猴子，所以后来出现大闹天宫等事。避马瘟既然能够预防马生病，现实中又何不请一些来，干脆就放在马棚中以备急用。而经常受到禽畜死亡威胁的养殖大户，就应该购买一些类似弼马温作用的保险产品。

养殖业保险指以有生命的动物为保险标的，在被保险人支付一定的保险费后，对饲养期间遭受保险责任范围内的自然灾害意外事故和疾病引起的损失给予补偿的一种保险。养殖业保险分为畜禽养殖保险和水产养殖保险两大类。但若按照业务管理的需要，养殖业保险按照保险标的分为五种：

（1）大牲畜保险。是指以人工饲养的大型牲畜（牛、马、驴、骡、骆驼）的生命价值为保险标的的一种死亡损失保险。大牲畜种类多，各个品种价值差别比较大，不同种类的大牲畜保险责任和保险费率也有很大差别。

（2）小牲畜保险。是指以人工饲养的中小牲畜的生命为保险标的的一种死亡损失保险。主要包括猪、羊、兔等生长周期短、速度快、商品率高的中小畜类。小牲畜由于自身的特点，与大牲畜保险在保险技术、保险内容上有很大差别。

（3）家禽保险。是指以商品性养殖的禽类动物的生命为保险标的的一种死亡损失保险。家禽包括的种类很多，如鸡、鸭、鹅等等。家禽的品种多、生长速度快、商品率高、用途广泛，与其他动物相比，家禽生长中受疾病的威胁最大。因此，家禽保险的经营风险以疾病为主，技术方法多种多样。

（4）水产养殖保险。是指以商品性养殖的水产品作为保险对象的一种损失保险。根据水产品养殖的环境，水产养殖保险可分为海水养殖保险和淡水养殖保险两种。利用海水进行滩涂养殖的保险标的，属于海水养殖保险；利用江、河、湖、泊、池塘、水库养殖的保险标的，属于淡水养殖保险。

（5）特种养殖保险是指以经济价值较高、且未经长期驯化的野生动物，或经过人工驯化的且具有一定经济价值的动物为保险标的的一种死亡损失保险。

养殖业保险的灾害类型主要有：

（1）传染病（疫病）。是指《动物防疫法》中列明的三类疫病：一类疫病指对人与动物危害严重，需要采取紧急、严厉的强制预防、控制、扑灭等措施的疫病；二类疫病指可能造成重大经济损失，需要采取严格控制、扑灭等措施，防止扩散的疫病；三类疫病指常见多发、可能造成重大经济损失，需要控制和净化的疫病。

(2) 非传染病。是指除《动物防疫法》中列明的疫病以外的疾病。

(3) 难产。是指由于妊娠足月到分娩时，胎儿不能顺利娩出，造成畜禽母体直接死亡的分娩行为。

(4) 自然灾害。是指由于自然条件异常变化造成保险标的直接死亡的灾害总称，如暴雨、洪水、干旱及泥石流等。

(5) 意外事故。是指外来的、突发的、不可预见的、非本意的和非疾病的导致保险标的直接死亡的客观事件。

(6) 扑杀。是指为防止疫病的蔓延，由县级以上（含县级）政府或畜牧管理部门针对一定范围内的保险标的，采取的灭杀、掩埋或焚烧等行为。

养殖业保险的保险期限，一般要与动物养殖的生产周期相一致。由于养殖对象的种类繁多，其生活习性、生长规律等各有特点，所以，养殖业保险的责任期限不可能按自然年度或其他时间区间确定一个统一的保险期限，而需要根据不同保险标的的养殖周期或风险特点来确定，保险责任期限因不同的保险标的应有长短的差异。即使同一保险标的，又因地域的气候差异等，也应有先后和长短的区别。另外，由于保险责任不同，养殖业保险期限也会有较大差别，例如，生猪饲养死亡保险和生猪屠宰保险，由于保险责任不同，保险期限就有很大差别，前者为几个月，后者只有几天。

养殖业保险中的不同保险标的的保险金额，应根据其价值来分别确定。总的原则是不能出现超价值投保而引起道德危险。要以被保险人的可保利益为最高限额，最好让被保险人自保其中的一部分。同时，由于养殖业生产是一个经济再生产与自然再生产交织进行的连续过程，在饲养动物不停的生长中，保险标的一般也随着成本投入的增加、饲养动物的成长变化，处在价值不断增长的过程中。因此，在养殖业保险条款中，要针对这种特点，计算出保险标的不同生长阶段的保险金额。

养殖业保险基本赔案材料包括：保单抄件或保险凭证、集体投保的分户清单（均可为系统存储的电子数据）；索赔申请书（应由被保险人填写）；保险标的损失清单（可为系统存储的电子数据）；现场查勘报告及原始工作底稿；相关技术鉴定材料或定损标准（如有，应由具有鉴定资质的机构或养殖业技术人员出具）；出险证明材料（气象证明应由县级以上气象部门出具的证明或发布的公共信息为准；牲畜死亡证明应由畜牧兽医站或具有畜牧兽医部门颁发行医资格证书的兽医出具）；能清晰反映标的受损情况及拍摄日期的现场照片（可为系统存储的电子数据）；赔款计算书及理算清单（可为系统存储的电子数据）；赔款凭据或转账凭证；公示现场照片及反馈材料（可为系统存储的电子数据）。

28. 退保是令人头疼的过程

“投保容易，退保难”是流传在投保者中的一句话。退保是指在保险合同没有完全履行时，经投保者向被保险人申请，保险公司同意，解除双方由合同确定的法律关系，保险公司按照《保险法》及合同的约定退还保险单的现金价值。退保可分为犹豫期退保、正常退保。部分保险公司为了解决争议还提供了协议退保的方式。犹豫期退保指投保者在合同约定的犹豫期内的退保。一般保险公司规定投保者收到保单后十天为犹豫期。通常保险公司会扣除工本费后退还全部保费。超过犹豫期的退保视为正常退保。通常领取过保险金的保单，不得申请退保。正常退保一般要求保单经过一定年度后，投保者可以提出解约申请，寿险公司应自接到申请之日起 30 天内退还保单现金价值。保单现金价值是指寿险契约在发生解约或退保时可以返还的金额。在长期寿险契约中，保险公司为履行契约责任，通常需要提存一定数额的责任准备金，当被保险人于保险有效期内因故而要求解约或退保时，保险公司按规定，将提存的责任准备金减去解约扣除后的余额退还给被保险人，这部分金额即为保单的现金价值。

退保通常发生在保单的有效期内，合同当事人的任何一方中途要求解除保险合同并注销保险单。一般情况下，非人身险定期保险单中都订有解除保险合同的条款，订明任何一方在到期前注销保险单的条件，以维护各自利益不致因保险合同的继续而受到损害。退保后应退还相应的保险费。如果保险单尚未生效即退保，被保险人原则上可收回全部保险费，但保险公司也有权收取最低额的保险费。若属保险公司要求解除合同，对未到期部分的保险费则应按日计算并退还被保险人。

办理退保要注意以下几点：一是申请退保的资格人为投保者。如果被保险人申请办理退保，须取得投保者书面同意，并由投保者明确表示退保金由谁领取。二是投保者申请退保，合同生效满两年的，保险公司收到退保申请后退还保单现金价值；缴费不满两年的，保险公司收取从保险责任开始之日起至解除之日止期间的保险费后，剩余部分退还给投保者。

退保人在办理退保时要提供以下文件：投保者的申请书，被保险人要求退保的，应当提供投保者书面同意的退保申请书；有效力的保险合同及最后一次缴费凭证；投保者的身份证明；委托他人办理的，应当提供投保者的委托书、委托人的身份证。

为了维护保险公司或被保险人的利益，在下列条件下，投保者或被保险人不能办理退保手续：已发生伤残医疗赔付的保单、已到生存领取期的保单，理由是投保者已完成缴费义务，避免投保者为了自己的利益，损害被保险人的利益。

退保是令保险公司和代理人颇为头疼的一件事情，而更令人头疼的是保险公司还要从退还给投保者的退保金中扣除一笔价值不菲的退保费，客户一般会对此大为不满，甚至认为保险公司是商业欺诈，而迁怒于更加无辜的保险代理人。而此时的代理人对收取退保费的原因也常常是说不出个所以然来。代理人付出巨大代价和客户之间建立起来的友好关系往往由于退保的纠葛而毁于一旦，并极有可能演变成一场官司。

从精算学的角度看，保险公司至少有八个方面的理由需要从解约的投保者那里收取退保费以弥补

由于客户退保所可能给保险公司带来的损失。八个方面的理由分别是:

(1) 手续费用。退保金的支付过程,保险公司会花费一定的人力物力,产生一定的费用支出,因此要向违约的投保者收取手续费。

(2) 佣金成本。保险公司在投保者购买保单的第一年或最初几年向代理人支付全部或绝大部分的佣金,一旦投保者中途退保,已经支付出去的佣金将无法收回,因而保险公司在佣金上的损失是要由违约的投保者承担的。

（3）保障扣除。保险合同生效到退保前如果发生保险合同约定的保险事故，保险公司是要承担赔偿或给付保险金责任的，也就是说在退保前保险公司已经向投保者实际提供了一段时间的风险保障，因此需要投保者的保费对价。保费对价需要在退保时从退保金中扣除。

（4）投资折价。保险公司收取保险费后，要进行与负债相匹配的投资。而任何投资都有一个预先根据险种和保费收入预设的投资期，投资期的长短对应着期望收益的大小。保险公司提前把这笔钱从资本市场或货币市场拿回支付给客户所造成的投资市场上的折价亏损也需要退保的客户来承担。

（5）利率调整。保险公司收取的保费除了一部分按监管部门的规定进行投资外，还有很大一部分存在银行。如果投保者退保就相当于储户提前提取在银行里的定期存款，银行只能按活期利率计息。同样，保险公司也就不能按照原来的预定利率向退保的客户支付退保金了。

（6）总体风险。现实中，低风险的投保者或被保险人更容易退保，当低风险的投保者或被保险人退出时，剩下的投保者或被保险人的总体风险水平会升高，意味着保险公司可能面临着收不抵支的风险，所以保险公司要向毁约的投保者收取一些费用，以使收支相抵。

(7) 已付金额。有些保单在退保时，保险公司曾经因保险事故的发生或其他条件的达成支付过保险金，在一些险种中已付金额也影响退保费的多寡。

(8) 其他因素。不少保险公司为了遏制退保而向违约的投保者收取一定的罚金。保险公司已向投保者支付的红利、提供的风险管理和理财服务、低息保单抵押贷款也是保险公司收取退保费的重要理由。

在实际操作中，投保者购买保单的头两年，由于保险公司承保、制作保单、结算代理人手续费、员工工资开支等各项保险费用开支较大，此时退保，保险公司扣除各项手续费后退还的保险费是很少的。即使投保者在两年后中途退保，虽然保单现金价值会随交费年期的递增而不断增加，但与所缴纳的保险费相比还是要少一些。其实，退来退去都是投保者自己的钱。因而一旦买了保险，拥有了保障，不到万不得已最好不要中途放弃，否则，就会在经济上蒙受一定的损失。所以，在购买保险前要充分考虑和权衡，慎重考虑自己的保险需求和负担能力，量力而行，切不可草率投保又草率退保。

业内专家提醒投保者特别是长期寿险保单的持

有者，轻易不要退保。若只是暂时无力继续负担保费或者急需现金，可以采取以下的办法规避或者尽量减少退保损失：一是利用宽限交费期推迟交费。长期寿险产品一般都有60天的宽限交费期，投保者可以在宽限期内的任何一天交费。如果60天内仍无法交费，投保者还可以利用两年的宽限期，但在两年之内，保单处于失效状态，投保者可在有交费能力时申请恢复保单，保单效力不变。这样做可以让投保者有较长的时间来审视手中的保单是否适合自己，不会出现缴费之后反悔从而造成较大退保损失的情形。二是有些长期寿险产品设计有自动垫交保险费条款，如果保险单的现金价值大于应交纳的当期保险费和利息，而且投保者事先又有此约定，保险公司会自动垫交应交的续期保险费。三是通过保单转换功能调整保险计划，如将前期购买的比较昂贵的储蓄型保险转换成比较实惠的保障型保险。投保者想要减少保费支出，同时不希望降低保险的保障功能，可以通过保单转换来调整保险计划。

29. 出门坐破飞机最好买份航空意外险给家里人留下

有保险公司形容没有买航空意外险的乘客实际是在空中“裸飞”。航空意外险是航空旅客人身意外伤害保险的简称。它是保险公司为航空旅客专门设计的一种针对性很强的商业险种。它的保险期限从被保险乘客踏入保单上载明的航班班机的舱门开始到飞抵目的港走出舱门为止。它的保险责任是被保险乘客在登机、飞机滑行、飞行、着陆过程中，即在保险期限内因飞机意外事故遭到人身伤害导致身故或残疾时，由保险公司按照保险条款所载明的保险金额给付身故保险金，或按身体残疾所对应的给付比例给付残疾保险金。在航空保险中，航空意外险是离普通乘客这里的险种，最高保额为 200 万元。现时国内各家寿险公司所使用的都是 1998 年

7月由中国人民银行颁发的航空意外保险条款和费率。保险金额按份计算，保费每份20元，每份保额20万元。同一投保者最多可以买10份，即最高保险金额为200万元。保障时间是从意外伤害发生之日起180天以内。

需要特别指出的是，飞机保险同航空意外险是两种不同的险种。机票中包含的保险是由保险公司赔付给航空公司，再由航空公司赔付给旅客。航空意外险则由旅客直接持保单到保险公司索赔。对每一位旅客来说，是否购买航空意外险完全是自愿的。一旦客户出险，幸存者可直接向保险公司索赔，遇难者家属则可向航空公司或者保险公司查询，并在确认遇难者购买了某家保险公司的航空意外险后，可向该保险公司索赔。具体来说，投保者、被保险人或受益人应于知道或应当在事故发生之日起5日内通知保险公司，但因不可抗力导致的延迟除外。有效索赔期限自被保险人或受益人知道或应当知道事故发生之日起两年为限。

目前，航空意外险购买的主要途径是：到国内保险公司或者机票代理人处购买，或者通过网站购买，国内各大保险公司基本都有其网络平台销售产品。另外，也可通过安全的第三方网络平台购买。很多乘客在购买飞机票时并没有买意外险，在出发前才想起临时决定想购买一份航空意外保险的话，机场里的保险销售网点是最便捷的、最及时的购买渠道，而且可以及时生效。自马航 MH370 出事后，坐飞机旅行的乘客普遍感觉买份航空意外险属于比较刚性的需求，况且对家人是一个最好的交代。而且最低 20 元的价格的接受度和对产品的可选择性来讲都不算太高。以下三种情况不可购买航空保险：预订信用卡支付直接至机场航空公司柜台打印报销凭证的电子机票无法购买保险；该出票城市的代理人暂时无法出售保险；乘机人法定年龄不在保险公司承保范围。

需要说明的是，机票中所含保险是航空公司因自身的责任造成航空旅客人身伤亡，应对航空旅客赔偿的责任保险。依据国际惯例和我国有关民用航空的法规，飞机保险的保险责任范围包括：一是机

身险，即飞机在飞行或滑行中以及在地面上，发生的造成飞机及其附件的意外损失或破坏；二是第三者责任险，即由于飞机或从飞机上坠人、坠物造成的第三者的人身伤亡或财物损失；三是旅客法定责任险，即由于乘客在乘坐或上下飞机时发生意外，造成旅客的人身伤亡或所携带和业经交运登记的行李、物件的损失等。根据《民航法》第 129 条规定，飞机保险最高赔偿限额为 16600 个计算单位，约合 2 万多美元。而航空意外险有三种赔付情况：第一种是在有效期内身故，给付身故保险金。第二种是在有效期内残疾，给付残疾保险金。第三种是在有效期间内，未造成身故或残疾，按 3 万元的限额给付医疗保险金。航空意外险是非强制险，是否购买自己决定。受益人的指定和变更有如下规定：投保者或被保险人在订立保险合同时，可指定一人或数人为受益人。受益人为数人时，需要指定受益顺序和受益份额；如未定份额，则各受益人平均分配享受受益权。被保险人是无民事行为能力或者限制行为能力的人时，可以由其监护人指定受益人。当需要变更受益人时，需要得到保险公司允许并批注。

航空意外险的受益额的法定继承人规定如下：第一顺序是配偶、子女、父母，第二顺序是兄弟姐妹、祖父母、外祖父母。继承开始后，第一顺序继承人继承，第二顺序继承人不得继承。没有第一顺序继承人继承的，由第二顺序继承人继承。

30. 过了保险缴费期怎么办

投保者由于种种原因可能错过了保险的缴费期限。而过了保险缴费期怎么办？其实不用着急，您还有 60 天的宽限期。自到保险应交费日起的 60 天内称作宽限期，在此期间即使未交费，被保险人的各项保险利益依然是有效并要得到保护。但若超出 60 天的宽限期限，则保险合同效力暂时中止，进入 2 年的复效期。在 2 年的复效期内，须要投保者提出复效申请并重新交费，保险合同才能继续生效。但如果是重大疾病保险，即使重新缴费，同样需要重新进入观察期。

您现在想交费的话。若尚在 60 天宽限期内，可以去保险公司交费，保险利益没有任何影响；超出了 60 天且在 2 年的复效期内，可以向保险公司提出合同复效，您交费同时缴纳一定的罚息，保险合同继续生效。超出2年以上。保险合同永久终止，您可以去保险公司申请领出您的保险现金价值。但需要注意的是：因退保或合同终止的保险，其现金价值小于而不是等于所交保费之和，退保或合同终止的时间越早，现金价值越小。建议您签个授权转账协议，采用银行自动转账的方式交保费。可避免出现因工作繁忙或忘记交保费而导致保险合同失效现象发生。

保险不是买了就可以高枕无忧了，也不是买得越多越好。趁岁末年初的时候，应该为个人或家庭的保单做个全面“体检”。经常碰到一些保险投保者对自己的保单一问三不知，而这极有可能会直接影响到保单的效力、理赔以及保单收益等一系列保险权益。建议投保者注意以下四个方面的问题，轻松管好个人或家庭保单，以免造成保单的失效。

(1) 过了缴费期保单失效。很多投保者往往拥有不止一份保单，搞混保单而忘缴保费的情况时有发生。建议投保者用工资卡等有稳定现金流入的银行卡作为自动划账缴费账户，实现自动扣款，或整理出一份所有保单的缴费时间备查表，并在手机上设置日期提醒，以避免忘缴保费。对大多数寿险产品而言，过了缴费时间保单会进入宽限期，宽限期60天期间保单仍有效，所有保险利益不受影响。

在此期间出险依然可得到赔付，但最终赔付金额需扣除所欠保费。但如过了宽限期进入 2 年的复效期，保险权益直到重新补缴保费及相应利息才会重新生效。2 年之后则保单彻底失效。如重新投保，就很可能因年龄增长而面临保费的增加问题。

（2）收入变化应及时调整保额。在收入和家庭状况没有发生变化的时候，保障不需要做大调整；反之，则应该排查保障是否有所不足。增薪提职，家中添丁，都应该适当提高保障额度，特别是确保保额能够体现家庭支柱的生命价值和家庭责任。其次是可以考虑为新生儿添加保障，儿童的保费非常低，很容易达到保险目标。如果增加了买房买车的贷款，也需要考虑用保险来转移还贷的风险。这些险种、保额的调整既可以通过另外购买一份保险实现，也可以在原来的保险产品上增加附加险来实现。

（3）核查保险利益是否都拿了。与保险投保者利益切身相关的就是生存金、分红及满期金的领取。保险公司会先寄送生存给付金通知书、分红通知书或满期金通知书提醒客户。如果投保者因联系方式变更，没有收到领取通知，可联系保险营销员或拨打保险公司客服咨询。分红、生存金及满期金的领取方式非常讲究。投保者要搞清自己的分红产品是现金分红，还是保额分红。对于现金分红，不少产品支持累积复利生息，或抵扣保单保费；对于生存金，有些公司提供购买万能险或投连险等理财产品的服务。有些产品的满期金领取形式多种多样。投保者可以根据自身养老需求订制满期金的领取计划。

（4）保单信息及时变更。缴费银行卡、联系地址和联系方式是最常见的需要变更的信息，保单一旦发生异常，保险公司也能第一时间联系到投保者。信息变更可通过以下方式进行：一是联系保单代理人。这是大部分通过保险营销员购买保险产品的客户会选择的方式，主要是方便。二是直接到保险公司的营业网点进行信息变更。建议投保者在去之前拨打一下保险公司服务热线进行咨询，而后按照要求带齐需要的证件到营业厅办理，以免来回跑冤枉路。目前基本信息目前都可在电话里直接变更。还有一种方式是在线变更，通过保险公司官方网站更改联系地址等基本信息。